让你拥有好人缘的心理学常识

马银文 汪建民◎编著

中国商业出版社

图书在版编目（CIP）数据

让你拥有好人缘的心理学常识 / 马银文，汪建民编著. — 北京：中国商业出版社，2015. 9
ISBN 978-7-5044-9080-3

Ⅰ. ①让… Ⅱ. ①马… ②汪… Ⅲ. ①人际关系学-社会心理学-通俗读物 Ⅳ. ①C912. 1-49

中国版本图书馆 CIP 数据核字（2015）第 185269 号

责任编辑：郭 强

中国商业出版社出版发行
010-63180647 www. c-cbook. com
（100053 北京广安门内报国寺 1 号）
新华书店总店北京发行所经销
三河市祥宏印务有限公司

* * * * *

710×1000 毫米 16 开 17. 5 印张 210 千字
2015 年 11 月第 1 版 2015 年 11 月第 1 次印刷

定价：32. 00 元

* * * *

（如有印装质量问题可更换）

前　言

有句话说:“世上难事千千万,最难还是做人难。”生活中有的人不但能够在人际交往中如鱼得水,而且做事情也滴水不漏。可有的人却是四面树敌,而且做事情一塌糊涂。这是为什么呢?

其实这就是懂不懂心理策略的区别了。毕竟人活在世,就不可能生活在东晋诗人陶渊明所描述的与世隔绝的桃花源世界里,无论我们将怎样度过漫漫人生,选择什么样的生活方式,实现什么样的目标,都不可避免地要与他人交往、沟通以及和谐相处,因此,我们必须要懂得心理策略,从而玩转人际关系。

成功学大师卡耐基说过:“一个人的成功,15%取决于你的专业知识,85%则取决于你的社交能力。”这也就是说,无论我们做什么事情,都必须先学会与人交往。要知道,只有掌握并且拥有丰厚的人脉资源,我们才算是迈出了成功的第一步。

记得看过这样一个故事:

青蛙和蜘蛛是一对朋友,有共同的爱好——吃飞虫。年轻的时候,青蛙身手敏捷,过得很是自在,这让蜘蛛很是羡慕。但是等到它们都年老的时候,情况却发生了逆转。年迈的青蛙对年迈的蜘蛛说:“我一生辛劳,只能勉强糊口,现在年老体迈,将要饥饿而死。而你如今确实衣食无忧,这世道真不公平!”年迈的蜘蛛说:“你之所以艰辛,是因为你靠四条腿生活,而我则是靠编织的一张网。”

从这个故事中，我们可以看出人际关系在我们生活中的重要性，一个人只有能够玩转人际关系，懂得与人交往的方法和技巧，读懂交往对象的心理，并运用一定的心理策略，这样才能赢得别人的信任和喜欢，拥有好人缘，从而使自己的生活和工作一帆风顺。

我们要明白，其实人与人之间的交往就是人与人的心理交往，只要我们懂得一定的心理策略，玩转人际关系，我们就能够让自己过得如鱼得水，获得生活和工作的双赢。

目 录

第一章 初次见面让人一见如故

在社会交往中，初次与人见面都想给对方留下一个好印象。第一印象会对他人的知觉产生较强的影响，这就是心理学中的“首因效应”，也被称为第一印象效应。所以，在初次见面的情况下让人一见如故，能够吸引陌生人的注意力是我们迫切需要的。

第二章 懂得交往 朋友满天下

生活在现在这个社会上，我们一定要明白，朋友就是财富。想要朋友满天下，一个最基本的要求就是要丰富自己的人缘。有句俗话说得好：“朋友多了路好走。”想要丰富自己的人脉资源，就一定要懂得与人交往的基本准则和技巧，善于洞悉别人的心理，带给别人更多感兴趣的需求和快乐。

第三章 诚恳谦虚 被人喜欢

在生活中，我们每个人都有一种想要被别人喜欢的心理。想要跟一个人交往，并且让别人喜欢跟我们交往，那就必须要学会让别人先喜欢上我们。要知道，如果我们喜欢某个人，那么这个人和我们交往的几率就会比较大，这是一个亘古不变的道理，那么要怎么做才能被人喜欢呢？

第四章 恰当的距离 舒心的交往

人际交往有一个“距离法则”，是说在与人交往中，距离太远会使交往个体产生期待压力，增大陌生感，不利于交流；距离太近会使交往个体没有任何隐私，增大了磨合，也不利于交流。所以说，只有控制好这个距离，才能让交往变得舒心，变得美好。

第五章 在交往中得到别人的尊重

在社会上，每个人都有自己的尊严和生存底线。人际交往中，想要得到别人的尊重，就不要碰触别人的底线和尊严，要知道，尊严是一个人生活的精神灵魂，触犯了别人的尊严就会伤害一个人的感情。因此，我们一定要学会海纳百川，真诚待人。

第六章 学会技巧 让人主动跟随

生活中，很多人都希望能够得到别人的主动追随，可是怎样做才能让他人心甘情愿地跟随呢？这就需要讲究一些与人交往的技巧。人际交往的技巧很重要，技巧用得好，别人就会欣然接受你，并对你心悦诚服。在诸多技巧当中，最重要的就是要讲诚信，要理解他人，要让对方感受到你对他的尊重与重视。只有这样，才能让人主动跟随。

第七章 避免冲突 成就良性交往

良性交往，顾名思义就是在与人交往中，尽量避免矛盾的发生，要做到及时打破僵局、消除隔阂。生活中，人与人之间观点的差异，志趣的不同，个性的抵触，或者是偶尔的误会，都有可能在双方之间产生冲突。这种冲突如果不及时化解，就会导致双方的关系紧张起来，甚至发生争端，使双方的矛盾加深。所以要学会良性交往的心理策略。

第八章 爱情保鲜的技巧

生活中，我们经常听到有人说："时间是爱情的隐形杀手。"意思就是说我们的爱情在年复一年的日子中会慢慢消失的。那么怎样才能让我们的爱情更加甜蜜，婚姻愈久弥新呢？要想让爱情持久保鲜，就要学会许多技巧，比如要学会欣赏，要保持距离等等。

第九章 友情融洽的方法

“在家靠父母，出门靠朋友”，好朋友是人生征途中栖息的长亭，也是狂风暴雨中避风的港湾。拥有一份融洽的友情是每个人的心愿，那么，怎样才能让我们的友情一直处在一个融洽当中呢？这就需要我们细心呵护，用心经营，还要多多保持联系，不断进行心灵的沟通，当然更重要的是要真诚相待。

第十章 赢得上司的青睐

曾经从事过管理工作的人都知道，想要在工作上取得成就，那就必须搞好与上司的关系。因为如果和上司的关系不牢固，那么自己的地位就会岌岌可危。所以我们一定要把上司变成我们的同盟军，只有这样，我们的工作才能获得领导支持而事半功倍。

第十一章 和同事亲密合作

同事是我们工作中相处时间最长的人，只有处理好同事之间的横向关系，才能有助于我们进一步协调上下级之间的纵向关系，所以我们一定要学会运用一定的心理策略和技巧，处理好与同事的关系。

第十二章 让下属心服口服

在工作中，能否巧妙地利用好下属，让他们全力以赴地完成工作任务，对我们的发展有着重要意义。所以我们一定要处理好与下属的关系，激发他们的无限潜能，充分调动起他们的热情和干劲为我们做事情。

第十三章　让客户满意放心

在和客户交往中，我们不妨多从细节出发，察看对方的弱点和软肋，并投其所好，多站在客户的立场上去考虑问题。只有抓住客户的心理，制定合理的应对策略，我们才能成功地获取客户的信赖与支持。

第十四章　与异性和睦共处

在我们的生活中，怎样才能与异性和睦相处呢？这就要求我们既要保持住自我，又要控制好交往的范围，只做心灵的亲密接触，不跨越“性”的那道鸿沟。只有这样才能让我们的人际关系和家庭生活美满幸福。

第十五章　让对手拍手称赞

在人际交往中，对手是我们最大的敌人，处理好与他们的关系是关乎我们成败的关键，所以，我们一定要有好的策略巧妙地战胜对手，让对手对我们拍手称赞。

第十六章 人心难测 谨防小人

在人际交往中，最令人头痛的是小人无处不在，无时不在。跟小人打交道，不能太近，不然会被人看扁；也不能太远，不然会遭到小人的暗算。所以，想要成功地驾驭小人，就一定要学会掌握和运用心理策略。

第一章

初次见面让人一见如故

在社会交往中，初次与人见面都想给对方留下一个好印象。第一印象会对他人的知觉产生较强的影响，这就是心理学中的“首因效应”，也被称为第一印象效应。所以，在初次见面的情况下让人一见如故，能够吸引陌生人的注意力是我们迫切需要的。

在交际中给人好印象

在日常的交际活动中，能让交际活动更加顺利进行的关键因素在于是否给人留下好的印象。那么怎样才能给交际中的个体留下一个良好的交际印象呢?

有位心理学家做过这样一个实验：他分别让一位身着西装、戴金丝眼镜、手持文件夹的青年学者，一位打扮入时、身材姣好的漂亮女郎，一位挎着菜篮子、脸色疲惫、毫无神采的中年妇女以及一位留着怪异头发、穿着邋遢、带着无数怪异首饰的男青年在公路边搭车，结果是这样的：漂亮女郎和青年学者的搭车成功率最高，中年妇女稍微有些困难，那个怪异的男青年一直就没有搭到车。

这个实验说明人们对待不同仪表的人，态度是不一样的，大多数人认为不同的仪表就代表了不同的人，针对不同的人，人们随之就会给予不同的待遇。这并不仅仅是以貌取人的问题。人们都了解在现代交际中第一印象的重要性，而经过研究发现，50%以上的第一印象是由个人的外表造成的。你的外表是否干净整齐，这是让你身边的人判断你是否可信的一个重要依据，也是别的交际个体决定如何对待你的首要条件。

对这样的首要条件，交际个体要好好注意一下。其实你很容易就可以给人留下一个好的印象，只需要几秒钟而已。中国有这样一个传统，在新年快要来临的时候，要将屋子进行一次彻底的大扫除，而这个时候，作为社交活动中的你也应该打扫一下自己，检查一下自己有没有什么不卫生、不整洁的地方。所谓“细节出魔鬼”，有时候你给你的交际对象留下不良印象的祸根就来自于一个小细节，而这个小细节说不定就关乎你的人生大事。在远古年代，人类的祖先就拥有了这样一种能力：迅速判断自己面对的是朋友还是敌人，而自己能否生存下来取决于对所面对生物的判断能力。

某位媒体策划专家有这样一句名言：要给人留下一个好印象，你只需要七秒钟。通过对大量事实的分析，学者们得以成功描绘出影响第一印象形成的一些重要因素。

首先，第一印象的形成有一半以上内容与交际个体的外表有关。当然，外表不仅仅依靠美丽的脸蛋就可以了，体态、气质以及衣着上的细微差异也很重要。所以当你要去参加某些社交活动时，首先要把你的仪表收拾得得体一些。

其次，第一印象有大约40%以上的内容与交际个体的声音有关。谈话时的音调、语气、语速、节奏都将直接影响第一印象的形成。因此，你应该在平时注意训练自己的说话方式，并最好能让自己的声音充满弹性。

有试验显示，当见到一个陌生人时，这个人头发的样式比其面部特征更富有吸引力。长发透露着健康和优雅的气质，短发看起来自信而富有朝气，自然、中长和没有什么特定款式的发型则会给人留下智慧和真实的感觉。

此外，交际双方握手时也能传递某些重要信息。研究发现，那些握手时目光能够和你直接接触，手掌比较干燥且坚定有力、可以自然摆动的交际个体，不仅能让别人对他感觉良好，还能取得别人的信任。

好印象不仅是打开人际关系大门的钥匙，更是让你登堂入室的一张门票。因此，在人际交往中，一定要注意自己的衣着打扮、言谈举止以及个人形象，给人良好的第一印象。

注意称呼，礼貌交往

在人际交往中，要想表示礼貌，首先要从对方的称谓开始，称呼上打动别人，交往起来也就容易起来。称呼，就是对人的称谓。用什么称谓称呼人，既有个礼貌问题，也有个态度问题，同时也反映了说话人与被称呼者之间的关系。所以，在社会交往中，要想给人好印象就要把握好对方的心理，在称呼上下功夫。

人际交往中一定要知道的惯用称呼语：

亲属之间的称谓。亲属之间，对长辈应以亲属称谓相称，如爷爷、奶奶、爸爸、妈妈、姑姑、舅舅等。称呼长辈的姓名、职务、身份、职业等都是不礼貌的。对平辈，可相互用亲属称谓或加排行序列称谓相称，如哥哥、妹妹、二哥、三妹等；夫妻之间可以姓名相称，俩人在一起时，可用昵称，但不宜在父母面前、孩子面前、公开场合使用；年长的平辈可直接称呼年少者的名字，若年少者已成年，则用亲属称谓较礼貌。对晚辈，可称呼其亲属称谓，也可直呼其名，这样显得亲切。但当晚辈有了他自己的成年晚辈时，直呼其名也就不妥当了。

熟人之间的称谓。对关系较密切的熟人，可大致仿照自己亲属的性别、年龄、身份等来确定相应的称呼，还可以"姓加亲属称谓"、"名加亲属称谓"、"姓名加亲属称谓"称呼，如"王奶奶"、"李叔叔"等。

在一些正式、公开的场合，可以称呼熟人职务、职业，也可以"姓加职务、职业称谓"、"名加职务、职业称谓"、"姓名加职务、职业称谓"相称。如"赵厂长"、"向真校长"等等。

年纪较大、职务较高、辈分较高的人常对年纪较轻、职务较低、辈分较小的人称呼姓名，这种称呼明快直爽。反之，年纪较轻、职务较低、辈分较小的人对年纪较大、职务较高、辈分较高的人直呼姓名，则是没有礼貌的表现。

不称姓而直呼其名，是最亲切、最随便的一种称呼。但这只限于长者对年轻人、老师对学生或关系亲密的人之间，没有这种特殊关系而直呼人家的名字就不礼貌，甚至还会使人生厌。

朋友、同学、同事之间，因为相处长了，称呼可以随便一些，可在姓氏前加“老”、“小”、“大”等，如“老彭”、“小陈”等。在人的亲属、职称、身份等称谓前，加上“老”、“大”等词，是更为尊敬的称谓，如老厂长、大姐等。对德高望重的老年人，可以在姓后加“老”字，如“李老”、“张老”等，这种称呼是很恭敬的。

对陌生人的称谓。对陌生人的称谓，一般来说可用以下几种方法：一是用通称。可根据人的具体年龄、性别、职业等情况称“同志”、“朋友”、“师傅”、“先生”、“小姐”等。对男人一般可以称“先生”，未婚女子称“小姐”，已婚女子称“夫人”或“太太”，若已婚女子年龄不是太大，叫“小姐”，对方也绝不会反感。而称未婚女子为“夫人”就是极不尊重了。所以，宁肯把“太太”、“夫人”称作“小姐”，也绝不要冒失地称对方为“夫人”、“太太”。一般说成年的女子都可称“女士”。二是可以亲属称谓相呼。可根据对方的性别、年龄等情况，以父辈、祖辈、平辈的亲属称谓相称，如“大伯”、“阿姨”、“老爷爷”、“大娘”、“大嫂”、“大姐”等。称呼对方“大嫂”还是“大姐”时，必须谨慎从事，因为对方婚否不好确定，在没有把握的情况下，称“大姐”比较稳妥。

当然，运用称呼语时还应注意以下问题：

要注意民族、时代、地域的差异。各个不同的国家、民族对人的称呼都有一些独特的习惯，如在日本，对妇女也可不称“女士”、“太太”、“小姐”，而称“先生”，如“米费子先生”。而汉民族语言中的称呼语相对于其他民族语言中的称呼语要复杂得多，不仅要看人的性别、辈分、年龄，还要分敬称和谦称。有的民族语言就没这么讲究，如英语中的“aunt”翻译成现代汉语可以是“姨母、姑母、伯母、叔母”等等。所以各个民族有不同的称呼习惯，在实际运用中，要遵从各民族的习惯。

不同的地域，不同的生活习惯，造成了各种方言，所以还要注意方言间称呼的差异。如在大陆用得最广泛、最普通的“同志”称谓，而在港澳台同胞中，几乎就没有这个概念。所以与港澳台同胞打交道，不宜用“同志”这一称呼。

要注意口语和书面语的区别。口语相对于书面语而言，显得通俗、随便，更为亲切。现代汉语中，同一个对象，可有口语和书面语两种不同的称呼，如爸爸（口语）、父亲（书面语）。在口语中，如果面对称呼对象时，运用书面语中的称呼语就显得生硬、不自然、不亲切。但是，在口语中，书面语中的称呼语可以作为他称用语出现。如“我的祖父”、“你的母亲”等。

要注意语言环境和称呼对象的不同。在日常生活中，对我们比较熟悉的人，我们对其称呼就可随便点，甚至可叫别人小名、绰号，夫妻、恋人之间私下里还可用昵称，这样显得较亲切、自然，可以增加彼此之间的感情。但在公众场合，尤其是在会场上、课堂上，叫别人的小名、绰号，就会显得不严肃，太放肆，应当以“××同志”或“××同学”相称。对不太熟悉的人，对长辈、领导和老师，也都不宜用小名和绰号，否则，就会显得不尊敬。所以，运用称呼语时，应特别注意语言的环境和称呼对象，灵活使用。在不同的语境中，对不同的称呼对象，应运用符合人的身份、地位及体现与自己恰当关系的称呼语。

嘴甜的人不吃亏，他可以为自己赢得尊重和称赞。不过，在称呼别人外号时要切记：人的外号是人的一个特征，坏外号是他人最忌讳的称呼，不要把它挂在嘴上，说多了会拉大彼此的心理距离，影响人际交往中的感情，尤其是第一次交往，一定不要叫别人的外号。

面带微笑，拉近距离

我们在人际交往的过程中，最忌讳的就是给人一副冷冰冰的面孔。不论对方是谁，有怎样的见解，如何让人讨厌，摆一副冷面孔总是无益的。说话办事的时候，面带微笑才会拉近彼此的距离，才能够打动人心。

微笑到底能产生多大的效果？美国密歇根大学心理学教授麦克尼尔博士曾经发表过这样的看法：“面带微笑的人，比起紧绷着脸孔的人，在经营、贩卖、以及教育方面，更容易获得效果。微笑比绷紧的脸孔，藏有更丰富的情报。”

雨果说：“微笑是阳光，她能消除人们脸上的冬色。”微笑，表现了交往的人们善良的心地，热情的性格，执着的追求，必胜的信念，求实的精神。在微笑中默认的心灵得到了沟通，人的感情得到了升华。《蒙娜丽莎》之所以受到世人的喜欢，正是因为她的迷人微笑，她的微笑被称为“永恒的微笑”，扫走了文艺复兴前期人们心底的阴霾。有人这样赞美微笑的价值：“它不花什么钱，但创造了很多成果，它使接受它的人满足，而又不会使给予的人贫乏，它在一刹那间发生，却会给人永久的美好记忆。不过它却无处可买，无处可求，无处可偷。因为在你给予别人之前，微笑是没有使用价值的。”

在飞机起飞前一位乘客因吃药向空姐要一杯水，空姐承诺在飞机进入平稳飞行状态后会立刻把水送过来。但是飞机进入平稳飞行状态后很长一段时间里，空姐还没有把水送来，那位乘客再次按响了服务铃。一听到铃响，空姐立刻意识到自己工作的失误，便很快地端着一杯水来到那位乘客面前，微笑着向乘客道歉："先生，实在对不起，由于我的疏忽，延误了您吃药的时间，我感到非常抱歉。"但这位乘客并没有接受她的解释，并拿定主意要投诉这位服务员。

事后，为弥补自己的过失，这位空姐每次去客舱给乘客服务时，都会面带微笑地询问他是否需要水或其他服务。这位乘客都没有理睬。飞机到达目的地之前，那位乘客要求空姐把意见登记簿给他送过去，空姐以为他会投诉她，但当所有乘客离开后，她打开一看发现，那位乘客这样写道："在整个过程中，你表现出的真诚歉意，特别是你的十二次微笑，深深打动了我，使我最终决定将投诉信写成表扬信！你的服务质量很高，下次如果有机会，我还将乘坐你们的这趟航班。"据这位乘客说，在服务员第二次向他微笑时，他认为道歉是应该的，没有什么特别的感觉；但在服务员第三次向他微笑时，他投诉的念头有点动摇了，开始想原谅这个服务员工作中的疏忽；在服务员第四次向他微笑时，他已经彻底原谅了那个服务员；在服务员第五次向他微笑时，他开始怀疑自己先前要投诉的想法是不是有点太过分了。所以最后在下飞机之前，这位乘客在意见登记簿上表扬了那个服务员的"优秀"服务。

这就是微笑的潜在力量，它可以使对方的心情由不满到快乐，成功弥补工作中的疏忽。钢铁大王安德鲁·卡内基的高级助理查尔斯·史考伯曾经说过，他的微笑值100万美金。这可能有些夸张，因为史考伯的成功是集性格、魅力和才能于一体。但他那动人的微笑确实让人好感倍增。

培根有句名言，"含蓄的微笑往往比口若悬河更为可贵"。在人与人相处中，大家都有着一种共同的期待：希望看到笑脸。对那些个性孤僻、表情冷漠之人，则总是避而远之。因此，经常保持微笑的人拥有良好的人际关系，具有丰厚的社交资源，总是在众人之中保持着良好的个人口碑，自然他们会拥有成功的人生。朋友，如果你想拥有成功的人生，那么，请从保持微笑开始！

有一位在证券交易所上班的先生叫刘鹏，他给人的感觉总是深沉而严肃，一天到晚人们很难在他脸上发现一丝笑容。他在这家单位工作了好多年，但不管是新同事还是老同事却没有一个能与他谈得来的。他也没有亲密的朋友。他觉得自己孤独而无聊，而别人则觉得他是个怪人。他的私人生活更是糟糕得一塌糊涂，与太太结婚十多年，日子过得枯燥而无味，两人见了面从没有亲切的招呼，更谈不上亲密无间的感情，甚至有时候就像两个毫不相干的人一样。

他每天下班回家就是机械地吃饭与休息，这么多年来，从他起床到离开家这段时间内，他很难得对自己的太太露出微笑，也很少说上几句话，家里的生活沉闷得让人透不过气来。一天早晨，他照例洗脸、梳头，开始一天上班前的准备。突然，他从镜子里看到自己绷得紧紧的脸孔，深沉得像古老的木乃伊，他吓了一跳，心中开始不安，他想：这张如此古板的面孔谁看了愿意接近呢，他决心改变这种现状，于是他对自己说：从今天起你必须要把自己这张深沉得像雷公似的脸孔放开，换成一张充满微笑的面孔，从这一刻就要开始。

这时，他的太太像往常一样招呼他过去吃早餐，他立刻高兴地回答："我马上来，亲爱的，谢谢你天天费心为我做早餐。"说着便满脸笑容地走了过去。谁知他的太太却愣住了，半天没反应过来。惊慌的目光在他脸上搜索了足足两分钟，最后终于高兴地说："哦？亲爱的？今天是不是有喜事要降临了？"刘鹏有点得意并有点不好意思地对太太说："是的，亲爱的，以后我们天天都生活在喜气洋洋的日子里。"

刘鹏愉快地吃过早饭，便兴冲冲地去上班。走到电梯门口他微笑着对电梯员说："早上好！"走到公司大门时他又微笑着对年轻的门卫说："早，小伙子。”这样直到走进自己的办公室，他已经与好几个人热情地打过招呼。于是以后的每一天，他都是热情地对待，同事们在诧异好奇中慢慢地接受了他并喜欢上了他。

不久刘鹏就发现每个人见到他时，都向他投来微笑。对那些来向他道“苦经”的人，他以关怀的、诚恳的态度听他们诉苦，而无形中他们所认为苦恼的事变得容易解决了。

为刘鹏做助理的是个可爱的年轻人，那年轻人渐渐地对他有了好感。年轻人这样告诉刘鹏说：他初来这间办公室时，认为刘是一个脾气极坏的人，而最近一段时间来，他的看法已彻底地改变了，认为刘越来越富有人情味了。

于是，刘鹏也觉得自己跟过去已经是两个完全不同的人了，一个更快乐，更充实的人，拥有友谊及快乐而活得更加充实。他说：“微笑给我的财富太多了。”

这则故事中的主人公刘鹏，他的人生本来是阴沉、严肃而呆板的，只因为自己对镜反思，让自己保持微笑，他的人生就发生了翻天覆地的变化，他的家庭关系、同事关系、社会关系、自我心理……都变得格外晴朗愉快，而他自己的付出仅仅是免费的微笑！

微笑是人们富有人性的重要特征，常常比语言更有感染力，是放之四海而皆准的人际交往高招，微笑有助于人们之间的交往和友谊，有的心理学家甚至认为微笑是衡量一个人对周围环境适应的尺度。所以，不管是讲什么样的理，办什么事，一定要做足微笑的功夫。“巴掌不打笑脸人”，说话办事的时候一定要面带微笑。人际交往中，善于用微笑创造让人心情愉悦的环境，不仅可以增强别人对你的好感，还能让对方心悦诚服地接受你的观点，办成你要办的事情，何乐而不为呢？

人际沟通始于倾听

在与人初次见面时，要想给对方留下良好的印象，就要多多地让对方说话，而自己做一个真诚倾听者。这样不仅是对对方的尊重，而且还能更好地显示自己的修养与素质，更重要的是能够给对方留下美好的第一印象。

现实生活中，人们往往只喜欢自己说，而不喜欢听对方说话，更喜欢谈论自己的事情。在与人交往中，很多人往往在没有完全了解对方的情况下，对对方盲目下判断，这样便造成了人际交往中难以沟通的情况，构成交流的障碍和困难，从而给对方留下不好的印象。

假如你不赞同对方的说辞，或许会很想打断对方。但请不要这样做，这样做是相当危险的。每个人都有表达倾诉的欲望，当对方有很多话急于表达时，他是不会理你的。这个时候，你要做一个认真的倾听者，耐心地倾听对方的说话，抱着一颗开放的心胸，要做得诚恳，让对方充分地感受到你的真诚，顺畅地说出自己的看法。

韦伯从欧洲旅游回到美国后，在一次晚宴上结识了一位女士。这位女士知道韦伯刚从欧洲回来，便说自己从小就梦想着去欧洲旅游，现在都未能如愿。在之后的交谈中，韦伯意识到她是一个很健谈的人。他知道，假如让这样一个人长时间地去听他人讲很多风景优美的地方，一定如同受罪，心中还憋着一口气，并且还会不时地打断自己的谈话。因为她对他人的谈话是不感兴趣的，其实这位女士只是想从他人那里打到契机以开始自己的话题。

韦伯曾听朋友说，这位女士刚从阿根廷回来，阿根廷的景色秀丽的大草原是最吸引人的地方，她一定深有感触。于是，他便说自己喜欢打猎，还说欧洲的山太多了，假如能有机会在大草原上打猎应该是十分惬意的事情。这位女士一听提到了大草原，就立刻打断了韦伯的话，兴奋地告诉他，她刚从阿根廷回来，韦伯当时耐心地听着，那位女士后来就开始了她滔滔不绝的话题，一直讲到晚会结束还意犹未尽。

韦伯只说了几句话，而那位女士逢人便说韦伯很会讲话，自己很喜欢和他在一起。

其实，那位女士并不想从他人那里听到些什么，她只是需要一双认真聆听的耳朵，她只想倾诉，而韦伯正好懂得这一点，从而在那位女士心中留下了深刻的印象。

倾听是一种礼貌，是尊重说话者的一种表现，也是对说话者最好的恭维。做一个倾听者，让对方多说话，不仅有助于人际交往，而且还有助于处理家庭里发生的事情。李太太和他的女儿平平的关系正在快速地恶化下去。平平以前是一个很乖、很听话的孩子，但是到了十几岁却变得很不合作，有的时候，甚至于喜欢争辩不已。李太太曾经教训过她，恐吓过她，还处罚过她，但是一切都收效甚微。

有一天，李太太放弃了一切努力。平平不听话，家事还没做完就去看她的朋友。

在平平回来的时候，李太太当即对她大吼一番，但是她已经没有发脾气的力气了，只是看着她并且伤心地问她，为什么会这样。女儿看出了母亲的心情，用平静的语气告诉了她，开始还有点吞吞吐吐，后来就毫无保留地说出了一切情形。当她要把她的想法、感觉、看法告诉母亲的时候，母亲总是打断她的话，而给她更多的命令。

李太太开始认识到，女儿需要的不是一个发号施令的母亲，而是一个朋友，让她把成长所带给她的苦闷和混乱发泄出来。过去应该听的时候，却只是讲，从来都没有听女儿说话。

从那以后，李太太总是让平平尽量地说，她把自己心里的事都告诉了母亲，她们之间的关系大为改善了，平平也成为了一个很合作的孩子。

一般人有两种心理状态：第一，一般来说，一个人作为一个独立的主体，他总是事事从自我的角度出发，他最喜欢的是他自己而非别人，他最爱谈论的便是自己。因此，在谈话时不是倾听对方讲话，而是口若悬河地向对方讲自己的事。这是典型的自我中心主义者。第二，不是很健谈的人，他的心理活动比较复杂，情绪变化较大。由于他沉默寡言，不开心的事情不愿讲出来，很多烦恼的情绪都被理智积压在心里，有时，有了什么高兴的事，也不喜形于色，不愿与人分享，也埋藏在心中，这种人表面上看起来不动声色，坚强沉着，内心活动却很激烈。

因此，遇到一次宣泄的机会，而你正是他的朋友，这时你所做的事就是静静地听。在倾听的过程中，你们的友谊在加深，他对你的信任也在增加，你会因此而获得一份真诚的友情。因为当他发现你在认真地聆听他的说话时，好感和亲近感便油然而生了。因为你已满足了他的需要，最重要的是，你一开始便尊重了他。他在你的这种态度上找到了他的重要感、自信心。

让我们谦虚地对待周围的人、事、物，鼓励别人畅谈自己的成就，自己不要喋喋不休地自吹自擂。每个人都有相同的需求，都希望别人重视自己、关心自己，为什么不肯牺牲一点点，让别人得到愉快的感受呢？所以假如你希望别人的看法与你一致，达到说服的目的，别忘了给对方说话的机会，使之能畅所欲言，充分地表达出自己的心声。

巧妙运用顺应他人情绪

人际关系的一个基本定理就是情绪的相互感染，这是影响力的一个重要体现。比如，口渴的人们在缺水的沙漠中找到水源，只要第一个喝了没危险，其他的人就敢放心去饮用，这就是影响他人心理的表现。

有这样一个著名试验：美国加州大学圣克鲁兹分校的管理者希望学生们节约用水。管理者认为贴一张告示就能约束学生的行为。告示要求洗浴者按照以下步骤节约用水："淋湿，关水，打肥皂，冲洗干净"。

在五天的时间里，只有6%的人按照建议程序洗澡。当告示被更显眼地固定在浴室门口的三脚架上时，依从者增加到19%。但是有的洗浴者会很厌烦地把它打翻在地，然后冲洗更长时间。

心理学家阿隆逊建议将所有的告示撤除，由一名模特来示范适当的洗浴行为。当浴室空无一人时，示范者打开水龙头，背朝浴室入口等候有人进来。一旦他听到有人进来，就按照程序关水，打肥皂，冲洗干净然后离开。这种情况下，有49%的人发生了依从行为。当采用两名模特时，示范效应影响了67%的人。

在人际交往中还广泛存在着互惠规范，也就是当你为某人做了些事情，那人就会觉得应该为你做些事情。心理学研究表明，即使是非常小的恩惠也能引导对方反过来给予比较大的恩惠。这种以小利追求大利的策略，实质上是从互惠规范衍生出的一种依从技巧，即迫使对方回报以相应的善意举动。

有时我们也会发现，我们会受一些影响去做一些自己不愿意做的事情，如受人影响而买了自己并不特别喜欢或满意的产品，甚至受到“托儿”的影响而被人骗去钱财等。因此，我们有必要采取一些策略去抵制这种不良影响：尝试去忽略毫无意义的恩惠，尝试避免愚昧地去追求同某些人保持一致，行动之前始终先花时间做理性的思考和推理。

心理学上，说服与感染的作用是完全不同的。被说服者一般是处于理性状态的，随时有可能因为客观环境的变化而改变。但被感染的人依从心理已经直达内心，将依从行为内化为主动行为。

在每次与人交往的过程中，我们都在不断地传递着情感信息，影响着周围的人，同时也在不断接受他人的情感信息。在多数的情况下，这种交流与感染比较间接与隐秘，不为大多数人所察觉，但这种感染作用确实存在。

人们都喜欢与热情大方开朗的人接近，从他们身上可以感受到勃勃向上的生命力量，难道他们从不曾忧郁、悲伤与痛苦吗？当然不是，他们所掌握的不过是懂得如何将情绪在合适的时间和合适的地点投射到他人身上。

人们在交往中，彼此传输和捕捉相互的情绪信息，并汇聚成心灵世界的潜流，通过这股潜流的涌动来感染影响对方的情绪。对这种情绪控制的能力越高，社交中的影响力就会越大。

善于顺应他人情绪或使他人情绪顺应你的步调，必然能够提升影响力，并建立良好的人际关系。

要说好第一句话

在社会生活中，我们经常要和陌生人打交道。初次见面时给人的第一印象最为关键。两个萍水相逢的陌生人，要想在短时间内消除彼此之间的陌生感、拉近彼此之间的距离，说好第一句话至关重要。它是打开两个陌生人心扉的一把钥匙，处理得好，可以一见如故，相见恨晚；处理得不好，可能会导致局促无语。可以说，说好了开场白，你也就拥有了一把打开陌生人心扉的钥匙。

下面介绍几种开场白，只要你能灵活掌握、运用，就能在交谈中收到立竿见影的奇效。

(1）攀亲认友

一般来说，对任何一个素不相识的人，只要事前做一番认真的调查研究，你都可以找到或明或隐、或近或远的亲友关系。而当你在和陌生人见面时，如果能够及时拉上这层关系，就能使对方产生亲切感，一下子缩短双方之间的距离。

三国时代的鲁肃就是一位攀亲认友的能手。他跟诸葛亮初次见面时的第一句话就是："我是你哥哥诸葛瑾的好朋友。"这一句话就使交谈双方心心相印，为孙权跟刘备结盟共同抗击曹操打好了基础。有时，对异国初交者也可采用攀亲认友的方式。1984 年 5 月，美国里根总统访问上海复旦大学。在一间大教室里，面对一百多位初次见面的复旦学生，里根总统的开场白就紧紧抓住彼此之间还算"亲近"的关系："其实，我和你们学校有着密切的关系。你们的谢希德校长同我的夫人南希，同是美国史密斯学院的校友呢。照此看来，我和各位自然也就都是朋友了!”此话一出，全场鼓掌。短短的两句话就使一百多位黑发黄肤的中国大学生把这位碧眼高鼻的“洋”总统当成了十分亲近的朋友。接下去的交谈自然十分热烈，气氛极为融洽。你看，里根总统这段开场白设计得多么巧妙!

（2）扬长避短

人人都有长处，也都有短处。一般来说，人们都希望别人多谈自己的长处，不希望别人多谈自己的短处，这是人之常情。跟初识者交谈时，如果以直接或间接赞扬对方的长处作为开场白，就能使对方高兴，并对你产生好感，双方交谈的积极性也就可以得到极大的激发。反之，如果有意或无意地提及对方的短处，对方的自尊心就会因此受到伤害，就会感到扫兴，感到“话不投机半句多”。

日本作家多湖辉所著的《语言心理战》一书中记述了这样一件趣事：被誉为“销售权威”的霍依拉先生的交际诀窍是：初次交谈一定要扬人之长、避人之短。有一回，为了替报社拉广告，他去拜访梅伊百货公司的总经理。一番寒暄之后，霍依拉突然发问：“您是在哪儿学会开飞机的？总经理能开飞机可真不简单啊。”话音刚落，总经理兴奋异常，谈兴勃发，广告之事当然不在话下，霍依拉还被总经理热情地邀请去乘他的自备飞机呢!

（3）表达友情

用三言两语恰到好处地表达你对对方的友好情意，或肯定其成就，或赞扬其品质，或欢迎其光临，或同情其处境，或安慰其不幸，就会顷刻间温暖对方的心田，使对方油然而生一见如故、欣逢知己的感觉。

初次见面时交谈可以达到这种程度，跟从未见过面者电话交谈时适当地表情达意同样能使对方感动不已。美国爱荷华州的文波特市，有一个极具人情味的服务项目——全天候电话聊天。每个月有近两百名孤单寂寞者使用这个电话。主持这个电话的专家们最得人心的是第一句话：“今天我也和你一样感到孤独、寂寞、凄凉。”这句话表达的是对孤单寂寞者的充分理解之情，因而产生了强烈的共鸣作用，难怪许多人听后都愿意把自己的知心话向主持人倾诉。

(4) 添趣助兴

用风趣活泼的三言两语就可以扫除跟陌生人交谈时的拘束感和防卫心理，达到活跃气氛、增添对方的交谈兴致的目的。

要用三言两语就惹人喜爱、使人感觉一见如故，关键的功夫要花在见面交谈之前。在上面所讲的事例中，人们之所以能获得成功，除了拥有高超的语言技巧之外，无一不是在见陌生人之前就早已了解他的大概情况。美国前总统富兰克林一罗斯福跟任何一位来访者交谈，不管是牧童还是教授，不管是经理还是政客，他都能用三言两语赢得对方的好感。他的秘诀就是：在接见来访者的前一晚，必定花费一定的时间去了解来访者的基本情况，特别是来访者最感兴趣的题目。这样，在见面交谈时就能有的放矢。

说好第一句话，仅仅是良好的开始。要谈得有味，谈得投机，谈得融融乐乐，以下两点还要引起注意：

(1) 双方必须确立共同感兴趣的话题。有人以为，素昧平生，初次见面，何来共同感兴趣的话题？其实不然。生活在同一时代、同一国土，只要善于寻找，何愁没有共同语言？一位小学教师和一名泥水匠，似乎两者是话不投机的。但是，如果这个泥水匠是一位小学生的家长，那么，两者就如何教育孩子各抒己见，交流看法，如果这个小学教师正在盖房或修房，那么，两者可就如何购买建筑材料，选择修造方案沟通信息，切磋探讨。只要双方留意、试探，就不难发现彼此有对某一问题的相同观点，某一方面共同的兴趣爱好，某一类大家关心的事情。有些人在初识者面前感到拘谨难堪，只是没有发掘共同感兴趣的话题而已。

(2) 注意了解对方的现状。要使对方对你产生好感，留下不可磨灭的深刻印象，还必须通过察颜观色，了解对方近期内最关心的问题，掌握其心理。例如，知道对方的子女今年高考落榜，因而举家不欢，你就应劝慰、开导对方，说说“榜上无名，脚下有路”的道理，举些自学成才的实例。如果对方子女决定明年再考，而你又有自学、高考的经验，则可现身说法，谈谈高考复习需注意的地方，还可表示能提供一些较有价值的参考书。在这种场合，切忌大谈榜上有名的光荣。即使你的子女考入名牌大学，也不宜宣扬，不能津津乐道，喜形于色，以免对方感到脸上无光。

说好你的第一句话，能够赢得陌生人的好感，迅速地拉近彼此之间的距离，甚至让对方对你产生一见如故的感觉。说好你的第一句话，就相当于为双方进一步的交往和交流开了个好头。

第二章

懂得交往 朋友满天下

生活在现在这个社会上，我们一定要明白，朋友就是财富。想要朋友满天下，一个最基本的要求就是要丰富自己的人缘。有句俗话说得好："朋友多了路好走。"想要丰富自己的人脉资源，就一定要懂得与人交往的基本准则和技巧，善于洞悉别人的心理，带给别人更多感兴趣的需求和快乐。

懂得察言观色

战国时期著名的纵横家鬼谷子曾经精辟地总结出与各类的人交谈的方法："与智者言依于传，与博者言依于辨，与贵者言依于势，与富者言依于豪，与贫者言依于川，与战者言依于谦，与勇者言依于敢，与愚者言依于锐。"翻译过来就是说：和聪明的人说话，要见识广博；和见闻广博的人说话，要有辨析能力；与地位高的人说话，态度要轩昂；与有钱的人说话，说话要豪爽；与穷人说话，要动之以情；与好斗的人说话要态度谦逊；与勇敢的人说话，不能稍显怯懦；与愚笨的人说话，可以锋芒毕露。

《红楼梦》里的王熙凤就像一个高明的心理学家，她非常善于察言观色，辨风测向，经常在对方还没有说出口时，她便已经猜到了对方的意图；若是对方刚说，她就已经办了，这样的例子数不胜数。在林黛玉刚进贾府时，王夫人问："是不是拿料子给黛玉做衣裳呀?"凤姐答："我早都预备好了。"可见凤姐的这种机变之速真是让人叹为观止。

生活中，人是各种各样的。因此，他们的心理特点、脾气秉性、语言习惯也各不相同，这些因素决定了他们对语言信息的要求是不同的。所以不存在所谓统一、通用的标准语说话方式。人们身处不同的社会环境，从事不同的职业，在各方面都有不同的偏好。置身一个环境，必须先搞清周围的人际关系，搞清身边每个人的所好所思，搞清人们喜欢听什么厌恶听什么，人们高兴听什么就说什么，讨嫌的话绝对不说。特别是面对互相矛盾的双方，要学会左右逢源，两面讨好；说此好，能挠到痒处，引来发自内心的欢喜；论彼非，能点到痛处，触及软肋，让人频频颔首。见什么人说什么话，因人而异是非常必要的。

我们经常会见到这种人，到了一个陌生的环境，他们会十分谨慎，对谁都露笑脸，客客气气，热情洋溢，你好我好大家都好，显得游刃有余。如果参加讨论会，他们会尽量避免开第一腔，轻易不显露自己的观点。有时逼得不得不讲时，也是说些模棱两可、不疼不痒的话，一旦后面发言同自己的观点不一致时，能够很自然地拉回来，绝对避免观点交锋。

我们怎样才能学会察言观色呢？

首先要从他人的角度来思考问题。要建立良好的人际关系，就要从其他人的角度来考虑问题，善于做出适当的自我牺牲。要做好一项工作经常要与别人合作，在取得成绩之后，要懂得共同分享，切忌处处表现自己，将大家的成果占为己有。提供给他人机会，帮助其实现生活目标，对于搞好人际关系是至关重要的。替他人着想还表现在当他人遇到困难、挫折时伸出援助之手，给予帮助。良好的人际关系往往是双向互利的。你给了别人种种关心和帮助，当有一天你自己遇到困难的时候也会得到回报。

另外，要掌握灵活的交谈技巧。在与人交谈时，要注意倾听他的讲话，并给予适当的反馈。聚神聆听代表着理解和接受，是连接心灵的桥梁。表达自己思想时，要讲究含蓄、幽默、简洁、生动。含蓄既表现了您的高雅素养，同时也起到了避免分歧、说明观点、不伤关系的作用，提意见、指出别人的错误，要注意场合，措词要平和，以免伤人自尊心，产生反抗心理。幽默，是语言的调味品，它可使交谈变得生动有趣。简洁，要求在与人谈话时懂得该说的说，不该说的不说。与人谈话时要有自我感情的投入，这样才会以情动人，此所谓生动。当然，要掌握好表达自己意图的技巧，需要不断地实践，并不断地增加自己的文化素养，拓宽自己的视野。

当面恭维不如背后说人好话

赞美一个人，当面说和背后说所能起到的效果是很不一样的。背后说别人的好话，远比当面恭维别人的效果好得多。

《红楼梦》中有这么一段描写：史湘云、薛宝钗劝贾宝玉做官为宦，贾宝玉大为反感，对着史湘云和袭人赞美林黛玉说："林姑娘从来不说这些混账话！要是她说这些混账话，我早和她生分了。"凑巧这时黛玉正来到窗外，无意中听见贾宝玉说自己的好话，"不觉又惊又喜，又悲又叹"。

在林黛玉看来，宝玉在背后称赞自己，这种好话不但是难得的，还是无意的。倘若宝玉当着黛玉的面说这番话，好猜疑、使小性子的林黛玉可能就会认为宝玉是在打趣她或想讨好她。

在背后说别人的好话，显得真诚。如果你当面说人家的好话. 对方可能以为你是在奉承他，讨好他。相反，如果你的好话是在背后说的，人家会认为你是真心的。这样，他自然会领情，会感激你。

比如说领导好话。当面说与背后说就有很大的差别。如果你当着领导和同事的面说领导的好话，不仅效果不好，甚至还会起到反作用。一方面同事们会说你是在讨好领导，拍领导的马屁，从而容易招致周围同事的轻蔑。同时，领导脸上可能也挂不住，会说你不真诚。与其如此，还不如在领导不在场时，大力地"吹捧一番"。这样，既不会有拍马屁之嫌，也不会让领导难堪，反倒会让领导在从他人口中听到你的好话时感到高兴，对你刮目相看。

如果你是一名中层管理者，你不妨在面对你的领导或其他同事时，恰如其分地夸奖你的部下，他一旦知道了，就会对你心存感激，你们的沟通也会更顺畅，感情也会更进一步。

在背后说人好话，容易消除误会，缓解彼此的矛盾。

在背后说别人好话时，会被人认为是发自内心、不带私人动机的，从而能增强对说话者的好感，消除对说话者的不满。如果你与同事发生了一点小误会，不妨在背后说他的好话。

员工甲与他的同事乙平时关系不错，却因小事发生误会，很长时间不说话。彼此都感觉相处很尴尬。虽然大家都想打破这种尴尬，但自尊心作祟，谁都不先开口与对方说话。

一天，甲刚好看了一篇关于背后说人好话的文章，于是心生一计。在办公室与同事闲聊时，甲趁乙不在，对别的同事随意说了几句乙的好话："乙这人真不错，为人比较正直，处事也比较公正，以前对我的帮助挺大，我挺感谢他的。"这几句话很快就传到了乙耳朵里，他心里不由得有些欣慰和歉疚。于是，找了一个适当的机会，他主动向甲打招呼、嘘寒问暖，两人就这样和好了。

在背后说人好话，还能满足别人的虚荣心，给足别人面子。这好话可能在被说者意料之中，也可能在他意料之外。通常，好话越出于被说者的意料之外，其所起到的作用越明显，越能打动人。

在台湾作家刘墉的《把话说到心窝里》有这么一段故事：

作为工人代表，老王决定去找总经理抗议。原因是他们经常加班，但上面连个慰问都没有，年终奖金也很少。

出发之前，老王义愤填膺地对同事说，"我要好好训训那自以为是的总经理。"

到了总经理办公室，老王告诉总经理秘书说，"我是老王。约好的。"

"是的、是的。总经理在等你，不过不巧，有位同事临时有急件送进去，麻烦您稍等一下。"秘书客气地把老王带进会客室，请老王坐，又堆上一脸笑，“你是喝咖啡还是喝茶?”

老王表示他什么都不喝。

“总经理特别交代，如果您喝茶，一定要泡上好的冻顶。”秘书说。

“那就茶吧!”

不一会儿，秘书小姐端来连着托盘的盖碗茶，又送上一碟小点心：“您慢用，总经理马上出来。”

“我是老王。”老王接过茶，抬头盯着秘书小姐，“你没弄错吧！我是工人老王。”

“当然没弄错，你是公司的元老，老同事了，总经理常说你们最辛苦了，一般同事加班到九点，你们得忙到十点，心里实在过意不去。”

正说着，总经理已经大跨步地走出来，跟老王握手：“听说您有急事?”

“也……也……其实也没什么，几位工友同事叫我来看看您……”

不知为什么，老王憋的那一肚子不吐不快的怨气，一下子全不见了。临走，还不断对总经理说：“您辛苦、您辛苦，大家都辛苦，打扰了!”

老王的态度为什么会发生一百八十度的大转弯？其实，答案很简单。总经理背着老王说老王的好话，大大出乎老王的意料。总经理的好话不仅表示了他的真诚与理解，也给了老王足够的面子。老王既感受到了被领导理解的欣慰，虚荣心也一下子得到了满足，自然对总经理心存感激，先前一肚子的怨气也自然烟消云散。

学会有分寸的自嘲

《八千里路云和月》的主持人凌峰，有一回接受一个电视节目的邀请，做这个节目的特别嘉宾。

节目的主持人侯玉婷小姐介绍他出场。

当时只见凌峰摘下帽子，露出了发亮的光头，深深向观众一鞠躬后开口说：

“各位朋友大家好，在下凌峰。”说着转身向主持人说：“侯小姐，我很高兴又见到您，而您是很不幸地又见到我了。”

主持人立刻回答：“哪儿的话，请您谈一下作为一个名节目主持人的感觉好吗?”

凌峰说：“我觉得我的先天条件要比别人好，一些男性观众看到我都会觉得自命不凡（这时台下响起了掌声和笑声）。您看看，鼓掌的人都觉得自己长得比我帅!”

接着他又说：“我是生长在台湾的山东人，南人北相，而且我看起来一脸的沧桑，似乎中国五千年的苦难都写在我的脸上了，所以大江南北的同胞都很欢迎我。”

主持人问：“没有例外吗?”

凌峰回答：“连少数民族都喜欢我，蒙古人喜欢我是因为我和他们一样都是单眼皮。西藏人喜欢我，即使我们的信仰并不相同。您看，我这个长相，再披上件袈裟，像不像一个西藏喇嘛?”

全场的观众大笑。

凌峰一出场就赢得了观众的笑声，秘诀在哪？在于他大胆自嘲。

自嘲，即自我嘲弄，就是要拿自身的失误、不足甚至生理缺陷来“开涮”，对丑处、羞处不予遮掩、躲避，反而把它放大、夸张、剖析，然后巧妙地引申发挥、自圆其说，博取一笑。

自嘲，作为一种幽默的表达方式，在社交中有特殊的表达功能。它可以营造欢悦的气氛，可以化解尴尬，可以拉近与别人的距离，可以消除对方的妒忌……

从心理学的角度来讲，自嘲是一种幽默的生活态度，它表现的是自嘲者的低姿态，以及良好的修养。它不伤害任何人，相反，它体现了自嘲者的智慧，娱乐了大家。

当我们陷入窘境时，逃避往往并非良方，怒不可遏地反唇相讥或许只会遭到更多的嘲讽，不如来个超脱，自嘲自讽，反而显得豁达和自信，维护了面子不说，还堵住了别人的嘴巴。

某老师是广东人，普通话不过关，有一次上语文课，讲到某一问题要举例说明时，把“我有四个比方”说成了“我有四个屁放”，一时教室里像炸开了锅，学生笑得不可收拾。老师灵机一动，吟出一首打油诗：“四个屁放，大出洋相，各位同学，莫学我样，早日练好普通话，年轻潇洒又漂亮。”老师的机智幽默赢得了学生的热烈掌声。

此外，自嘲能营造一种良好的氛围，拉近自己与他人的距离，甚至让你备受欢迎。通常，优秀的大人物自嘲可减轻妒意，无足轻重的小人物自嘲可苦中作乐。

某银行的柜台服务员能力出众，参加工作不久，便以灵活的人际关系手腕，和同事、客户打成一片。

这位服务员很快地就当选了公司的模范员工，接受表扬与奖金。

在表扬会上，银行总经理介绍他说：“他不但年轻有为，而且待人接物都值得我们学习，尤其是当你任何时候看到他，他脸上都挂着笑容，更是难得。现在请他讲几句话。”

该服务员很谦虚地谢过总经理，接过麦克风说：“谢谢总经理，也谢谢大家给我这个荣誉，我一定会努力，不辜负大家的期望。”

“不过，”服务员看了看底下的同事，忽然调皮地说，“如果我的脸上不摆着笑容，我的眼镜就会掉下来。”

在场的人听了都哈哈大笑，毫不犹豫地鼓起掌来。

无疑，这位服务员很懂得心理学，他资历尚浅就得奖，同事们多多少少会觉得不是滋味，但他的一番自嘲，消除了同事心理的不平衡。

适时适度的自我嘲笑，还可让不友善的气氛变得友善，让他人在尽可能短的时间内接纳你。

贝利在一家大企业公司的运输部门负责文书工作。当这个公司被另一个大公司合并以后，贝利就在人事变动的波流中沉浮不定。新来的同事似乎对他不大友善，直到有一天贝利运用了自嘲。“他们可不敢把我革职。”他解释说，“什么事我都远远落在人后。”

贝利以取笑自己，使他的新同事和他一起笑，并帮助他建立友善合作的共事关系。

当然，自嘲不是自我辱骂，不是出自己的丑。自嘲需要把握分寸。换句话说，自嘲时要超脱，但切忌尖刻，以避免让自己感到屈辱，让他人轻视。

懂得雪中送炭

人际交往中，要懂得“欲求人助，先要助人”的道理。关键时刻拉人一把，这比平时费尽心机地讨好别人要明智得多。

“患难之交才是真朋友”，相信这话大家不会陌生。

晋代有一个人叫荀巨伯，有一次去探望朋友，正逢朋友卧病在床，这时恰好敌军攻破城池，烧杀掳掠，百姓纷纷携妻挈子，四散逃难。朋友劝荀巨伯：“我病得很重，走不动，活不了几天了，你自己赶快逃命去吧！”

荀巨伯却不肯走，他说：“你把我看成什么人了，我远道赶来，就是为了来看你。现在，敌军进城，你又病着，我怎么能扔下朋友不管呢？”说着便转身给朋友熬药去了。

朋友百般苦求，叫他快走，荀巨伯却端药倒水安慰说：“你就安心养病吧，不要管我，天塌下来我替你顶着！”

这时“砰”的一声，门被踢开了，几个凶神恶煞般的士兵冲进来，冲着他喝道：“你是什么人？如此大胆，全城人都跑光了，你为什么不跑？”

荀巨伯指着躺在床上的朋友说：“我的朋友病得很重，我不能丢下他独自逃命。”并正气凛然地说：“请你们别惊吓了我的朋友，有事找我好了。即使要我替朋友而死，我也绝不皱眉头！”

敌军一听愣了，听着荀巨伯的慷慨言语，看看荀巨伯的无畏态度，很是感动，说：“想不到这里的人如此高尚，怎么好意思侵害他们呢？”说着，敌兵撤走了。

患难时体现出的正义能产生如此巨大的威力，说来不能不令人惊叹。

人的一生不可能一帆风顺，难免会碰到失利受挫或面临困境的情况，这时候最需要的就是别人的帮助，这种雪中送炭般的帮助会让原本无助的人牢记一生，更让朋友终生感激。

或许有人知道日本前首相桥本龙太郎吧，桥本龙太郎就是一个懂得雪中送炭的人，当他还在担任自民党干事长的时候，总是一边主持着自民党的选举事务，一边还不忘派人给落选的议员送些慰问金，并且勉励这些人不要气馁，下次可以重新再来。

桥本龙太郎的这一举动令那些落选的议员极为感动，从而让他获取了更多的人缘。从那以后，拥戴桥本龙太郎的人越来越多了。试想，如果桥本龙太郎在当时不是去勉励那些落选，而去赞扬那些当选者，并将那些慰问金送至当选的议员的家中，会出现什么样的情形呢？不难想像，这些赞扬与礼品就成了锦上添花了，一点特殊意义也没有，更不能取得所期望的效果。事实证明，只有当别人困难时伸出援助之手，才能让对方感觉到真正的友谊。桥本龙太郎毕竟是从苦难中走出来的，所以他了解人类微妙的心理，懂得雪中送炭的道理。

在他人陷入困境之时，你伸出援手，或许并不需要你破费多少，有时一声温暖的话语，有时一个小小的礼品，就足以让对方铭记一生，时时记着你的好。这就是一种人脉的积攒。

“我不知道他那时候那么痛苦，即使知道了，我也帮不上忙啊！”许多人遗憾地说。

这种人与其说他不知道朋友的痛苦，不如说他根本无意知道。

人们总是非常在意自己的感受，可以敏感地觉察到自己的苦处，却往往忽视了他人的痛处，这是人们的自私心理在作怪。对别人的痛处缺乏了解。他们不了解别人的需要，更不会花工夫去了解；有的甚至知道了也佯装不知，大概是没有切身之苦、切肤之痛吧。

虽然很少有人能做到“人饥己饥，人溺己溺”的境界，但我们至少可以随时体察一下别人的需要，时刻关心朋友，帮助他们脱离困境。当朋友身患重病时，你应该多去探望，多谈谈朋友关心的感兴趣的话题；当朋友遭到挫折而沮丧时，你应该给予鼓励："这次失败了没关系，下次再来。"当朋友愁眉苦脸，郁郁寡欢时，你应该亲切地询问他们。这些适时的安慰会像阳光一样温暖受伤者的心田，给他们希望。

小于在某企业担任打字工作。一天中午，一位董事走进办公室，向在办公室的员工们问道："上午拜托你们打的那个文件在哪里？"可是当时正值吃午饭时间，谁也不知道那个文件搁在哪里，因此谁也没有理睬他。这时，小于对他说："这个文件的事我虽然不知道，但还是交给我去办吧，我会尽早送到您办公室的。"当小于把打好的文件送给董事时，董事非常高兴。

几周之后，小于高兴地向她的同事宣布：她升迁了。显然，小于的热心和办事利落获得了董事的赞赏，董事在董事会上对她大力推荐。

有时候不用很费力地帮别人一把，别人也会牢记在心，投之以桃，报之以李。因此，无论是工作还是在人际交往的过程中，一定要在关键的时候帮人一把，这样不仅能够得到别人的欣赏，还能够提高自己的威信，缔结好人缘。

不要求别人来适应自己

人际关系中，每个人都是独立而自由的个体，是不能凭自己的意志来改变他人的。因此，在不能改变他人的情况下，我们每个人都应该学会调整自己以适应他人，这样才能更好地与他人相处。

有一个美国推销员曾说，如果要推销东西的话，走前门并不是一个聪明的办法，因为有时候屋里的人根本不来开门。所以，聪明人一般是走侧门，当然最好是走后门，因为敲后门不用等太久，人家也比较容易接近。这样你便可以把要推销的商品好好介绍一番。这位推销员还说，一般人家的前门看来很威严，但你不能把门禁的森严以及主人摆架子的样子，当做是主人的个性。如果你花功夫敲开侧门或后门，就会发现，这些人都是仁慈、友爱、有人性的好人。

所以，我们一定要调整自己，以适应别人。不要希望调整别人，来适应自己。人与人之间，有许多麻烦就是由此而生。盼望别人来适应自己，就好比我们做了一只鸽笼，然后希望别人乖乖地在笼子里呆下去！

在许多家庭，父母在不停地抱怨自己的子女不听话，这也是因为这些父母不能揣摩子女的心理，他们的方法显然是不当的。

我们常常可以看到有人两手一摊："我能做到的，已经尽量做了。"似乎在某些情形之下，揣度他人的心思，是一件不可能完成的任务。然而事实并非如此，只要我们下足功夫，摒弃傲慢与偏见，那么寻找到恰当的方法以迎合、适应他人的心理需求。

有一个美国官员到一个英国人家里做客，那个英国人以正式的礼节在大门口迎接他，这是英国人对陌生人的礼节，但是那个美国人觉得很不自在。

吃饭的时候，主人送上来一盆英国式的果子蛋糕，这触发了那个美国人的灵感，于是他便称赞这果子蛋糕同他曾吃过的美国派很接近。他说只要在这种果子蛋糕上面再盖上一层糖蜜就是美国派了。这样一来，本来显得有点冷冰冰的晚宴，气氛一下子就和谐多了。

所以，我们必须找到他人最真切的一面，迎合他人的心理需求，并选择合适的策略与他人交往，适应了他人就拥有了好人缘。

第二章

诚恳谦虚　被人喜欢

在生活中，我们每个人都有一种想要被别人喜欢的心理。想要跟一个人交往，并且让别人喜欢跟我们交往，那就必须要学会让别人先喜欢上我们。要知道，如果我们喜欢某个人，那么这个人和我们交往的几率就会比较大，这是一个亘古不变的道理，那么要怎么做才能被人喜欢呢?

学会双赢定律

没有人不喜欢花环、掌声。当你把荣耀的桂冠戴在他人头上时，就可以从他那里得到好处，这就是在任何时候都适用的双赢定律。双赢定律其实是一种很高的智慧，在给予别人帮助的同时也接受别人的帮助，双方最终将获得独自奋战所不能拥有的东西。

双赢就是各有所得，皆大欢喜。很多时候我们所拥有的东西，也是别人所羡慕的，而别人所拥有的，也正是我们所缺乏的，在这种情况下，如果我们懂得主动把自己的所得赠予他人，则能换回自己所需要的，而这样做双方都不会损失什么，相反还会拥有更多。

在16世纪时，很多科学家的处境都很艰难。意大利天文学家伽利略就是其中之一。当时，由于缺乏经费，伽利略的研究和生活都很困难，为了获得当权者的支持，伽利略决定把自己的发现和发明当作礼物，送给当时的一些权贵们，希望从他们那里得到赞助，以便自己继续从事研究工作。

1610年，伽利略发现了木星周围的卫星。他把这个发现集中呈献给当时最有权势的美第奇家族。伽利略在科西莫二世登基的同时宣布，自己从望远镜中看见一颗明亮的星星（木星）出现在夜空上。伽利略表示，木星的卫星有四颗，代表了科西莫二世与其三个兄弟；而卫星环绕木星运行，就如同这四名儿子围绕着王朝的创建者科西莫一世一样。

在将这项发现呈献给美第奇家族的同时，伽利略委托他人制作了一枚徽章——天神朱庇特坐在云端之上，四颗星星围绕着他。伽利略把徽章献给了科西莫二世，象征他和天上所有星星的关系。

科西莫二世获得这巨大的荣耀后，很是高兴，他立即任命伽利略为其宫廷哲学家和数学家，并给予全薪。这对一名科学家而言，意味着有良好的物质条件可以去从事研究工作了，就这样，伽利略贫穷困苦的日子终于结束了。

伽利略很好地运用了双赢策略，贵族们获得了名声与荣誉，他自己获得了物质上的帮助，从而能够继续从事科研活动。遗憾的是，在现代生活中，很多人还不懂得双赢策略的重要性，在与人交往时，他们只是一味抱怨别人不付出，不帮助自己，却没有想过要主动把自己所拥有的而且是别人希望得到的东西拿来与人分享，因此人际关系很糟糕，始终找不到改善的方法。

工作中你所取得的成绩，会给你带来一定的荣耀，在荣耀到来时，你一定要把这份荣誉归功于大家团结协作的结果，否则，独享荣耀的后果，会严重影响你在公司的人际关系。

小王很有才气，编辑的杂志很受欢迎，有一次还获得创新奖。一开始他还挺高兴，但过了一段时间就失去了笑容，他告诉一位朋友说，他的上司和同事最近常给自己脸色看，甚至单位的一些集体活动都没有人通知他参加。

这位朋友问清楚他的情况后，知道他犯了“吃独食”的错误。原来，小王得了创新奖后，除了新闻部门颁发的奖状之外，杂志社另外给了他一个红包，并且当众表扬他的工作成绩。但是小王既没有现场感谢上司和同事们的帮助，也没有把奖金拿出一部分请客，大家虽然表面上不便说什么，但心里却感到不舒服，所以就和他作对了！

其实就事论事，这份杂志之所以能得奖，小王的贡献最大，但是当有好处时，别人并不会这么想，起码也会认为自己“没有功劳也有苦劳”，所以小王吃独食当然就引起别人的不舒服了。尤其是他的上司，更因为小王的得奖而产生不安全感，害怕失去权力，为了巩固自己的领导地位，小王自然就没有好日子过了。朋友建议小王尽快找机会弥补，以重新赢得上司和同事的好感，但小王却觉得荣誉是自己努力的结果，没道理要与上司和同事分享。因此他依旧在杂志社以功臣自居，而半年后就被单位辞退了。

从这里不难看出，小王之所以被辞退，不是因为他工作能力不强，而是因为他不会经营人际关系。假如他不吃独食，主动和上司、同事一起共享，就不会出现人际关系上的危机，更不会因此而影响了自己的职业前途。

不要过分强调自己的贡献

往自己脸上贴金的人往往得不到大家的认同，这不仅因为他沾沾自喜惹人讨厌，还因为这种做法在一定程度上意味着对别人的否定。没有人愿意被否定，即使是相交多年的朋友。

在日常生活中，许多人都有这样的毛病：过分强调自己对成功的贡献，尽量缩小自己对失败应负的责任，这就是心理学上所谓的归因偏差。事实上，我们每个人在探究归纳事情原因时，都有一种自我防御倾向：如果自己成功了，找主观原因，特别是特质方面的原凶，诸如能力高什么的；倘若自己失败了，找客观原因，特别是情境方面的原因，诸如运气不好，心情不好等。反过来，对别人则没有这么厚待了，别人成功了，说是客观的情境原因，如机会好云云；倘若别人失败了，则说是主观的特质原凶，诸如能力低下，不懂人事等。这种把成功归因于自己而否定自己对失败负有责任的倾向性称为自我服务偏差，是归因偏差的最主要表现形式。

说白了就是“往自己脸上贴金”。

一位私塾先生自诩文章冠绝古今，但他与自己的弟子们一道连续几届参加科举考试，每次都是弟子们中举，他却名落孙山。一次，主考大人宴请社会绅士名流，会上谈及此事，主考大人问他这是什么原因，他愤愤然吟诗道：“文章不如我，造化不如他。”说罢，拂袖而去。

显然，这是一种错误的心理认知。心理学家指出，人们的归因行为并非总是纯粹理性思考的产物，也并不是逻辑严密的，这就会使人们对行为的归因出现错误和偏差，偏差指的是认知者偏离了标准的归因过程，而错误则指的是认知者系统地歪曲了某些原本正确的标准程序。这些错误和偏差有的源于认知过程本身固有的局限，有的源于人们的动机。

由上面故事中的老私塾先生的话可以看出，人们在对他人的行为进行归因时，往往将行为归因于内部稳定的性格因素，而忽视引起行为的外部客观因素。此时，人们往往忽视某种行为产生的环境因素，如社会规范或社会角色的作用，而将行为看成是行动者自由选择的结果，是其稳定的人格品质的一种系统反映。心理学家将其称为基本归因错误。

有时候，尽管我们将他人的行为归因于较稳定的人格因素，但我们却倾向于将自己的行为归因于外部因素，即随情境而变，这在行为本身无所谓好坏优劣时更是如此。心理学家将其称为“行动者—观察者效应”，也是一种归因偏差现象。

那么，为什么人们在看待他人和看待自己时，会存在上述差异呢？

心理学的解释是，自己行为和他人行为的突出程度不同，因此知觉和认知的效果也不同。具体来说，当作为行动者时，人们不能清晰地看见自己是如何行动的，这时自己的行为就不那么突出，而影响自己行为的外在环境因素则显得很突出，所以很容易将自己的行为归因于外部因素；反过来，作为他人行为的观察者时，他人的行为就成了突出的认知对象，而环境则成了模糊的背景，所以人们常将他人的行为归因于行为者自身。

既然我们已经了解了自我服务偏差的心理学解释，我们就应该克服它带给我们的危害。首先，我们应该认识到，这种偏差是每个人都有的，我们甚至无法改变。那么，我们只能去适应这种偏差，“宽容”这种偏差。如何宽容别人的偏差呢？

1. 把别人的归因偏差看成是很正常的事

我们假设这样一个场景：假如有一份策划案急着要交，可你死活都做不出来，就去问你的主管，他却推诿说现在有点忙，并要你去问别人。这时，你会怎么想呢？是想“有什么了不起的！不就是主管吗”，还是认为“主管的事确实比较多，要不然他不会不帮忙的”？事实证明，尽管当时情况是主管确实很忙，而在这百忙之中能给你一个建议要你去问问别人，已属不错。但大多数人却依旧倾向于选择第一种想法，从而给自己带来了不快。

这属于归因偏差的一种，即观察者倾向于强调行动者特质的作用，而行动者倾向于强调情境的作用。所以，你要原谅别人对你的不正确看法，因为他们的确是有“苦衷”的。

2. 想想对方的处境

想想对方的处境，你或许就能理解他为什么会有这样的归因偏差。我们每个人在做一件事时都抱着一种必胜的态度，但在事与愿违的情况下，我们的希望最终落空，这个时候，有归因偏差是再正常不过的事情。此时，你需要去理解别人，并给予别人以适当的帮助。

在宽容别人归因偏差的同时，我们还需提醒自己，归因偏差毕竟不是一种正确的归因过程。对于我们自身来说，需要谨防归因偏差给自己和他人带来的负面效应。

学会人际交往的“增减原则”

有这样一个故事：也不知道是谁把一辆废旧汽车丢在了公寓后面，吸引来了附近一群调皮的孩子。他们每天都会来到这辆废旧汽车附近玩耍，攀上车厢，在上面蹦跳打闹，直到筋疲力尽为止。这样一来，公寓里的居民们算是遭了殃，孩子们喧哗的吵闹声让他们无法好好休息。他们想尽办法阻止孩子们来这里玩耍，但每次都是无功而返。直到一天，一个中年人想出了一个办法，他对孩子们说：“今天你们比赛，蹦得最响的奖玩具手枪一把。”孩子们高兴极了，蹦个不停。最后，那个蹦得最欢的孩子果然得奖。第二天，这个中年人又来到车前：“今天继续比赛，奖品是两个棒棒糖。”孩子们见奖品大不如前，没了兴致，无人卖力蹦跳，声音稀疏而弱小。但中年人还是把棒棒糖奖给了比较爱蹦的孩子。第三天，中年人对孩子们说：“今天奖品是两粒花生米。”孩子们一听，都跳下了汽车，异口同声：“不蹦了，不蹦了，回家吃饭去，真没劲。”

这个小故事印证了一个非常普遍的社会心理学原理——人际交往的“增减原则”。为了证明这一心理现象的存在，心理学家阿伦森做了一个著名的实验。实验安排一名研究助手用不同的情境评价被试者，并巧妙地安排被试者得以知晓该助手的评价。评价共四种：始终是肯定的评价；始终是否定的评价；先肯定后否定的评价，且否定程度和第二种情况相同；先否定后肯定的评价，且肯定程度和第一种情况相同。

实验结果显示，被试者对于原来否定自己而最终变得肯定自己的研究助手喜欢程度最高，而对于从肯定到否定的研究助手的喜欢水平最低。

心理学家指出，人们在交往过程中首先是把自我价值放在第一位的。每个人都有自我价值保护的需求。这种自我价值保护从静态的角度体现在人际交往中的交互性原则，即人们喜欢的是喜欢自己的人，而厌恶的是厌恶自己的人。如果从动态的角度来分析则体现在人际吸引水平的增减原则之上，即人们最喜欢的是对自己的喜欢水平不断增加的人，而最厌恶的是对自己的喜欢水平不断减少的人。

可见，我们对别人的喜欢，不仅仅取决于别人是否喜欢我们，而且取决于别人喜欢我们的动态和性质。原来肯定自己转向否定自己，意味着人们正在丧失既有的自我价值支持力量，人们在面临自我价值遭受威胁时的优先反应，不是否定自身，而是尽可能地维护自身，通过对先肯定后否定我们的人的高度否定和拒绝来实现自我价值的保护。正因为如此，人们对来自昔日朋友的嫉妒和拒绝会感到特别的敏感和痛心。因此一些过激行为往往会发生在与我们熟悉的朋友、同学和同事之间。阿伦森把这种现象又称为“对婚姻不忠定律”。

在很多人看来，从陌生异性处获得的赞许，往往比从配偶处得到的赞许更有吸引力。之所以如此，可能是配偶的关怀与爱更类似于“肯定一肯定”类型，而和自己没有任何关系的异性对自己的关怀与爱更类似于“否定一肯定”类型。前者处于静态之中，后者处于动态之中，人们对于静态的东西容易在心灵上适应、习惯甚至麻木，而动态的变化感觉才能真正使人兴奋和感到刺激。先否后肯的模式，美妙之处就在于验证了心目中这样一个想法——“没想到他竟然是这么好的人，他越来越值得爱了!”

在人际交往中，有人经常会步入“从肯定到否定”的雷区，这样就会出现费力不讨好的结果。

小李大学毕业后被分到一个单位工作，刚一进单位，他决心好好地表现一番，以便给领导和同事们留下良好的第一印象。于是，他每天提前到单位做一些清洁工作，节假日主动要求加班，领导布置的任务有些他明明有很大困难，也硬着头皮承揽下来。刚刚走上工作岗位的青年人积极表现一下自己本是无可厚非的，但问题是小李此时的表现与其真正的思想觉悟、为人处世的态度和模式相差很远，夹杂着“过分表演”的成分，因而就难以长久地坚持下去。没过多久，小李水也不打了，地也不扫了，还经常迟到，对领导布置的任务更是挑肥拣瘦。结果，领导和同事们对他的印象由好转坏，甚至比对那些最初表现不佳的青年所持的印象还差。

那么，如何做到“从否定到肯定”的递进而不是“从肯定到否定”的递进呢?

首先，要了解人性。人性的弱点是都喜欢受到正面夸奖，但人也是理性的动物，人喜欢正面刺激也是有理性分析的。所以，不要见到什么人都夸奖，这样往往会适得其反。

其次，要懂得过犹不及。现实中，有些人的嘴巴好像总是那么甜，他们以为对别人恭维总是让人喜欢的，多多益善。对初识者还好，对方虽然接受起来不是很自然，但总比被人说坏话要好。可时间久了，人们就会对这种没有诚意的、廉价的恭维厌倦甚至讨厌。“肯定一肯定”类型形成的效果最终赶不上“否定一肯定”类型，其原因就在于区分性差，针对性不强，让人们怀疑其诚意，而唯有真诚的赞赏才能让人倍感珍惜和兴奋。

另外，一定要避免“先扬后抑”。在人际交往中，普遍存在这样一种现象，就是初次交往时，为了给对方留下良好的第一印象，一上来就对别人大加赞扬。然而随着彼此交往的增多、熟悉的深入，人的心理会发生很多微妙的变化：宽容渐渐少了，逐渐变为越来越多的挑剔和指责；赞赏渐渐少了，逐渐变为越来越多的嫉妒和怨恨；真诚渐渐少了，逐渐变为越来越多的虚伪和欺诈。这种“先扬后抑”的动态递减模式，是最得不偿失的。心理学中有言：谁让别人的自尊愈受威胁，谁愈成为最不受欢迎的人。尽管你最初的赞扬是发自内心的，然而因为呈现策略的不佳，使它最终变得一文不值。

用诚恳平易的心态对待他人

生活中，每个人都需要被尊重，每个人都想让他人高看几分。因此，要想获得更多的人脉，要想让他人喜欢，你就要懂得放低自己抬高他人的道理。对方从你这里得到了充分的优越感、满足感，他才能更愿意接近你，更加地喜欢你。

大家都很喜欢周星驰，都认为他是一个演技不错的喜剧演员。周星驰之所以能获得大家的认可，正是因为他懂得抬高他人、放低自己的道理。

陈安之在《看电影学成功》中是这么说的："一般人是如何获得自信的？是通过比较：你比较好，所以我就没有自信；我比较好，就变成你没有自信。而每一个人都希望得到认同、得到自信。所以，周星驰演的角色，10 部片子有 9 部都是演一个常被嘲笑常被欺辱的人，演一个最被人看不起的人，能让所有人都觉得'我一定会赢过你'的人，结果影片最后，周星驰一定会一反弱态，战胜强敌，扬眉吐气……要让别人喜欢你就要你在别人面前时，能让别人感到很舒服、很自在、很优越、很有成就、很有自信……周星驰深深地了解这一点，所以，他成功了！"

懂得一些高尔夫球的人应该都知道"Tee—up 法则"，Tee 是打高尔夫球用的小支球托，up 就是把它垫高起来的意思。所有人打高尔夫球，在开杆的时候，他都必须插下那个 Tee，才有办法把球打飞起来。

这就是 Tee 的作用——把自己放低了（像没有价值），再把对方垫高了（对方显得高大而有价值），结果自己就成了对方离不开的、最有价值的"Tee"。

周星驰的成功正是因为他把自己当作了那个 Tee，总是放低自己、垫高对方，让别人有了“安全感”。在人际交往中，我们也要懂得这个道理，记着把自己放低，抬高他人，让别人有了“快乐”；让别人有了“自信”；让别人有了“希望”，这样别人才会喜欢自己，自己才能获得成功。

人只有尊重他人、仰视他人，才能看到对方的意见，才能虚心接受他人的意见，并获得他人的指点与帮助。一个人如果把自己放得太高，就会轻视他人，就会“目中无人”、“目空一切”、“不可一世”。这样的人不仅不能进步，而且还可能处处树敌，在生活中将会失去许多有益的指导与帮助，失去许多有力的支持，很难成就事业。

有一次，他收到一封从巴西寄来的信，信中说：

“我很希望得到一张您亲笔签名的照片，然后，我会将它放在我的房间里。这样的话，我不仅天天可以看见您，而且我坚信，若有贼进来，一看到您的照片，肯定会吓得屁滚尿流，逃之夭夭!”

收到信的当天，柯南道尔就很爽快地给对方寄去了一张亲笔签名的照片。

结交朋友，发展关系，不光要抬高别人，还要放低自己。福特公司的创始人福特就是一个很会放低自己的人：

1923 年，美国福特公司有一台大型发电机不能正常运转，公司里的几位工程技术人员百般努力都无济于事。福特焦急万分，只好请来德国籍科学家斯特罗斯。

斯特罗斯来到福特公司后，爬上爬下地在电机的各个地方静听空转的声音，然后用粉笔在电机的左边一个长条地方划了两道扛扛。

“毛病出在这儿，”科学家对福特说，“多了 16 圈线圈，拆掉多余的线圈就行了。”

技术人员照此一试，电机果真奇迹般运转了。

大家对斯特罗斯表示非常的感谢。

“不用谢了，给我1万美元就行了！”斯特罗斯说。

“天哪！划条线就要1万美元？”技术人员大吃一惊。

“是的！”斯特罗斯傲慢地说，“粉笔划一条线不值1美元，但知道该在哪里划线的技术超过9999美元！”

看着傲慢的科学家，福特不仅愉快地付了1万美元酬金，并且表示愿用高薪聘请他。谁料，科学家毫不心动，他说现在的公司对他有恩，他不可能见利忘义去背叛公司。

福特一听，干脆花巨资把斯特罗斯所在的公司整个买了下来。以福特的地位和财势，竟敢于“丢下面子”忍受斯特罗斯的傲慢和冷嘲热讽，这是因为福特清楚成大事者必须以人为本，而斯特罗斯就是他取得更多财富的无价之“宝藏”。为了留下这座“宝藏”，福特竟然花巨资买下了他所属的公司。由此看来，要想求人必须厚起脸皮，放下身段。

无数事实证明，要想让别人喜欢自己，就要学会放低自己，抬高他人，以诚恳平易的心态去对待他人，只有这样，才能够获取更多的人脉资源，让自己在人际交往中如鱼得水。

有效运用人际交往中的“改宗效应”

我们为什么不喜欢“好好先生”，因为他们没有是非观念，人云亦云。由于他们提不出反对意见，给人的感觉就是没有能力。而不少敢于直言是非，勇于开展批评的人，最终之所以能受到人们的喜爱，乃是因为他们给人一种富有才能的感染力。所以，我们一定不要做“好好先生”，你要记住：当大多数人赞同的时候，你的反对更具有价值。有价值，才会被人重视，才有资本赢得人心。

美国社会心理学家哈罗德·西格尔研究发现：当一个问题对某人来说是十分重要的时候，如果他在这个问题上能使一个“反对者”改变意见而和自己的观点一致，他宁愿要那个“反对者”，而不要一个同意者。这就是心理学上的“改宗效应”，“改宗效应”告诉我们一个道理：比起一向忠实于自己观点的人，人们更喜爱那些原来持有的观点与自己不同，最后被自己说服的人。

这看起来有些不可思议，为什么人们不是选择那些一直同意自己观点的人，而是选择了那些曾经的“反对者”？人们真的会不计前嫌吗？从心理学的角度来讲，一个人在诱使他人改变观点或批评他人时，通常都会感到自己是有能力的，而能与之抗衡、争辩的必然也是那些有能力的人，他们认为这样的人比单纯的同意者更能让自己开拓思维，增长能力，而能将这些有能力的人说服，就说明自己是更有能力的。也就是说，那些曾经的“反对者”让人们感觉到自己的能力得到发挥，价值得到体现。所以，他们会更加喜爱那些曾经的“反对者”。

人本来就是千差万别的，我们不可能永远和别人拥有同样的想法，存在不同意见是正常的，勇于站出来表达你对朋友的意见或是发表不同的看法，这符合“改宗效应”的心理原理。

也许你很担心你的意见并非正确反而会误导他人，抑或是怕你的话会挫伤他的自尊心而伤害到你们的友谊。其实，你大可放心，没有人可以保证自己的见解就一定是对的，而真正的朋友也不会因为你的一个反对意见就认为你是友谊的背叛者，一贯保持“好好先生”的行为方式反而让人心存反感。

勇于表达自己的观点，不做一味奉承，才会增加自身的吸引力和受欢迎程度。但是，用“反对”来赢得人心是有技巧的，其关键就在于你是否能把握并有效运用人际交往中的“改宗效应”这一心理策略。

谦虚有度更受人欢迎

谦虚是一种美德，谦虚使人进步，谦虚的人在人际交往中总能给人以好感，受到他人的尊敬。

众所周知，恩格斯是以谦虚闻名的。恩格斯 70 岁生日来临时，许多同志和朋友前来祝寿，贺电和信件像雪片似的飞来，恩格斯十分不安。他表示说："我主要是靠了马克思才获得信誉！"他对来人诚恳地说："我远没有祝寿的情绪，而且这完全是不必要的热闹，我无论如何不能忍受。"第二年，他 71 岁生日前夕，听说德意志 T 人共产主义教育协会歌咏团将在他生日那天晚上为他举行音乐会，就立即发出了信件，恳切劝阻。信中写道："我们尤其反对在生前为我们举行公开的庆祝活动。"

愈谦虚愈受到人们的敬重。73 岁高龄的恩格斯到维也纳、柏林访问，两个城市的群众欢迎气氛之热烈是罕见的，恩格斯在维也纳的欢送大会上的演讲中说道："如果说我在参加运动的 50 年中确为运动做了一些事情，那么，我并不因此要求任何奖赏。给我最好奖赏的就是你们！"

美国南北战争时期南方联盟的战将杰克逊，也是一个以谦虚闻名于世的人。有人说"天赋的谦虚"是杰克逊显著的特性和优秀的品质。在墨西哥战斗中，总司令斯哥托对他的指挥能力给予了极高的评价，而杰克逊从未向任何人提起过。不过，杰克逊并不是视功名如粪土，他有着树立声誉、博得大众注目的计划，因为那个时候他只不过是一个空有其名的副官。后来，这位勇敢、谦虚、聪明过人的人，巧妙地实施了向上进取的每一个计划，获得了斯哥托将军的好感，杰克逊便得到了不断提拔。

我国古代名医扁鹊也是个比较谦虚的人。一次，魏文王问名医扁鹊说："你们家兄弟三人，都精于医术，到底哪一位最好呢？"

扁鹊答说："长兄最好，中兄次之，我最差。"

文王再问："那么为什么你最出名呢？"

扁鹊答说："我长兄治病，是治病于发作之前。由于一般人不知道他事先能铲除病因，所以他的名气无法传出去，只有我们家的人才知道。我中兄治病，是治病于初起之时。一般人以为他只能治轻微的小病，所以他的名气只及于本乡里。而我治病，是治病于病情严重之时。一般人都看到我在经脉上穿针管来放血、在皮肤上敷药等大手术，所以以为我的医术高明，名气因此响遍全国。"

从上面这些名人身上，我们不难看出谦虚是一切伟大灵魂所共有的品质。他们都能超越浅薄的虚荣，深知人们所乐意接受和尊敬的是谦虚的人。

在人际交往中，不让别人感到失落和使别人对你产生好印象的秘诀之一便是恰当地表现自己的谦虚。因为，谦虚的人才不受别人排斥，才容易被社会和群体吸纳和认同。未达到成功的人没有什么值得特别骄傲的，因此，更应该保持谦虚。已经取得成功的人，也不该自高自大、自以为是，更应该继续保持谦虚的作风，因为知识是无穷的，没有任何一种力量能够永远战胜未来。

然而，凡事皆有度，谦虚固然是好，但过份的谦虚则给人以虚伪的感觉，让人敬而远之，甚至会产生厌恶。

古时候有一位名叫黔敖的贵族，想发点"善心"，于是，每天一早便在大路旁摆上一些食物，等着饿肚子的穷人经过，施舍他们以示自己的仁慈与厚德。

一天，黔敖又坐在路旁的车子上，等着有人经过这里好施舍给他们。正在这时，一个饿得不成样子的人走了过来，他用袖子遮着脸，拖着一双破鞋子，眯着眼睛，摇摇晃晃地迈着步子，身体显然十分虚弱。

黔敖看到这个人后，认为显示自己“仁慈”的时候到了，便左手拿起食物，右手端起汤，傲慢地叫道：“喂！来吃吧！”

黔敖一心以为那个饿汉会对他感恩不尽，感谢他的好意和慷慨。可是出乎意料的是，那个饿汉抬起头，抖了抖衣袖，轻蔑地瞪了他一眼说道：“我就是因为不吃这种‘嗟来之食’才饿成这个样子的。你以为一个人为了食物，就会抛弃自己的尊严，接受这种侮辱性的施舍吗？你还是收起你那套假仁假义吧！”说完，那饿汉扭头就走，闹得黔敖心里十分懊悔。

古罗马思想家西塞罗说：“在所有堕落的行径中，没有比伪君子的所作所为更加邪恶了。伪君子总是在最虚假的时候，小心翼翼地装出最善良的样子。”待人接物切莫有轻侮之意，尤其是在帮助别人的时候，更要小心顾全对方的自尊，否则，反而会惹得对方生气，岂不自讨没趣。

有位陆先生，自小学习就非常优秀，现供职于某电机厂技术科。虽然他的研究成果对公司贡献很大，但是陆先生在同事中人缘并不好，大家都公认他是个阴险的人。了解陆先生的同事，都承认其有才华，但常会故意讽刺他说：“你真是了不起！”陆先生却回答：“哪里！哪里！没什么……”就陆先生而言，他有足以骄傲的条件，根本无须谦虚，可是他却常说：“没什么！没什么！”那腔调很让人承受不了。可见过度谦虚，就是虚伪了。谦虚必须符合地位、年龄等条件，才能令人更佩服你，否则故做谦虚，就会被人指责为虚伪。前面所说的陆先生，其实有非常自傲的倾向，但是他偏喜欢声称：“没什么，这不算什么成就！”由这句话，我们就可以感受其内心除了希望被人赞美外，还包含了许多虚伪的成分。

总之，过分谦虚的人，是因为怕对方看出自己真正的欲望，就会以过度的谦虚掩盖自傲的言辞。一般人往往无法忍受这种刻意的炫耀及虚伪的谦虚。只有恰当的适度的谦虚才能获得他人的好感，才能赢得好人缘。

学会“忖度他人之心”

在人际交往中，人们在潜意识里都渴望得到别人的肯定，当然，肯定对方并不是随便地敷衍对方，而是要学会“放低姿态，放下身段”，不仅要学会仔细倾听别人的话，更要学会“忖度他人之心”，理解对方的立场，尽量体谅他们。这样既能学习他们的优点，也能让对方感到自己被尊重和理解。

任何事物都有两面性，人也不例外，每一个人都有优点和缺点，但如果你只能看到别人的缺点，那么生活就会变成莎士比亚笔下的悲剧，如果你学会了欣赏别人，那么你的生活便会由你演绎成一部喜剧。

有人曾做过一个试验，就是他这一天只看别人的缺点，如这个人话太多了，那个人太骄傲了，还有那个人真烦人……这样，一天下来他的心情很不好，因为他看到的都是别人的缺点，遇到的每个人都让他厌恶。

第二天，这个人就从另一面——他人的优点去了解对方。这个人话很多，但是总能说出和别人不同的见解；那个人太骄傲，也是因为他有值得骄傲的资本，而且他经常帮助同事；还有那个他讨厌的人，其实都是在和自己开善意的玩笑，也没什么不好。如此以来，这一天他过得很开心。

用欣赏别人的眼睛去看身边的人会让你的世界开满鲜花、充满欢乐，由此可见，欣赏别人更是一种气质，一种发现，一种理解，一种智慧，一种境界！

欣赏别人是推动自己前进的基石，一位西班牙学者说：“尊重每个人，因为他知道人各有所长，也明白成事不易，学会欣赏别人会让你获益无穷。”欣赏别人的过程也是一个学习的过程，可以让自己收获更多自己身上还不具备的优点。

仔细想想，当你苦心思索出的观点与计划被某人三言两语、轻描淡写地否决后，你会不会发自内心地感谢他对你的“逆耳忠言”？你不会！有没有哪个人在自己的“错误理论”被你仔细点评一番后对你发出由衷地感叹：“您让我看到了自己的不足，谢谢您的教导，您真伟大”？当然没有！实际情况是：没有人愿意受别人批评。正所谓“己所不欲，勿施于人”，每个人都喜欢被肯定、被尊重，没有人喜欢被批评指责，因此那些善于倾听的人最受别人敬重和爱戴；相反，那些以师长自居，总爱纠正别人错误的人则常常遭到反对。

当然，学会讨度他人之心，多去肯定他人，并非是让你人云亦云，失去原则。在真理面前还是必须坚持原则，绝不让步。有些时候你在坚持真理时，或许会招致反对，但委屈只是暂时的，时间会放大你的人格魅力，人们终会理解并由衷地敬重你，因为真理在理智的天平上最具分量。至于那些气量狭小之人，你根本就无需为他们而烦恼——顽愚的人不值得成为你的朋友。在此要强调的是：要注重交流意见的方法与技巧，你就要学会有效交流，正确表达你的思想，在不同的观念中做到左右逢源、游刃有余。

你要使自己受欢迎，给人以和蔼可亲的印象，就得运用一种有效而“得民心”的策略——让你的心态允许别人是正确的，也就是充分肯定别人的成绩，大方而真诚地赋予荣誉；对其缺点不可吹毛求疵，应以鼓励的方式激励其改正，总之你要有宽容的胸怀、信任的胆识。从现在起，当有人说，“我认为……的确很重要”时，你欣然默许就行了。如此，不再有人会对你不满，你将变得可爱起来，人们将感激你对他们的支持，你也将获得更多人的友善。于是你很快就能和大家融为一体，你将有机会分享他人的快乐，你会发现这实在是比为固执己见而孤军奋战有趣得多。并且，为此你无需放弃自己的原则和思想，你只是不再否认别人的见解而已，因为你学会了与你的伙伴们求同存异的生活艺术——祝贺你！

在竞争无为激烈的今天，不吝啬自己的掌声，多多地去肯定别人、欣赏别人的价值尤为重要。作为一个个体，你对别人的肯定和欣赏换来的是别人的信任与尊重，他们都会成为你将来的支持者，成为你广大人脉中的一员。

讨论对方感兴趣的话题

世界上有多少人就会有多少种性格与爱好。正所谓“一样的米养百样的人”，即使是具有相同背景和经历的人，他们的性格特征和兴趣爱好仍然会有很大的不同。仔细观察那些人缘很好的人，你会发现他们有一个共同的特点：和不同的人谈论不同的话题，而且谈论的都是对方感兴趣的话题。

罗斯福就是这样一个典型，不管对方的身份是什么，他总能和对方侃侃而谈，他的诀窍就是在开口和对方说话之前通过各种途径获取对方的个人资料，最重要的是了解对方的兴趣所在。

罗斯福总是这样总结他的经验：“只有谈论他所喜欢的事情，才能抓住他的心，让他先高兴起来，然后接近他就比较容易了。”

没有人会喜欢一个谈话时只讲他自己，而不关心对方的人。人们只愿意和那些与自己有共同话题的人交往。

耶鲁大学文学教授威廉莱亚·惠勒普斯，在《人性》这篇论文中，叙述了一件他小时亲身经历的事情：

某个周末，小威廉到姨妈家做客，晚上有一个中年客人来访，他和姨妈寒暄了一阵后，没有什么事情做，便把注意力都集中在小威廉的身上。

小威廉当时正在玩弄一艘小帆船玩具，简直快要入迷了。

这位中年人走过来，劲头十足地对小威廉说："我小的时候也特别喜欢帆船！不过它们和你的这一只大不一样……"接着，他就和小威廉聊起帆船来了。

小威廉问了他很多关于帆船的问题，到了客人要离开的时候，小威廉依依不舍地送他到门口，盼望明天还能见到他。

"他可真是一位帆船行家呀！明天他还会来吗？"小威廉问姨妈。

"他是一个律师，才不会对帆船感兴趣呢！"姨妈淡淡地说。

小威廉诧异地说："可是他和我谈论起帆船来却很起劲啊，这是为什么呢？"

姨妈的回答却让小威廉永远也忘不了，她说："因为你对帆船有兴趣，他就谈一些你高兴的事，这样做才能让他受欢迎。"

由此可见，在与人交往中，谈论对方感兴趣的话题，可以让你成为受欢迎的人。试想，谁不喜欢和别人谈论自己最喜欢和最关心的事情呢？

在人际交往中，与他人谈话要找到合适的切入点，切不可像盲人摸象般胡乱谈论，否则这个谈话结果必将与你的本来愿望背道而驰。

不知道对方的兴趣所在，张口就漫无边际地乱说一气，一定会遭致对方的反感与厌恶。如果所谈的话题是对方不熟悉的，他难免无话可说，你们的谈话必将冷场；如果所谈内容正好是他所排斥和厌恶的，他会缄默不语，甚至恨不得把你赶出去。

打动人心的最佳说话方式就是：跟他谈论他最感兴趣的话题。特别是在与对方建立良好关系的过程中，谈论对方感兴趣的话题是很重要的，因为有兴趣就有感情，有了感情什么事也就都好办了。所以，要与人建立良好的关系，最快捷最深人的办法就是了解对方的性格特征、性趣爱好，然后有的放矢，讨论对方感兴趣的话题。

第四章

恰当的距离　舒心的交往

人际交往有一个“距离法则”，是说在与人交往中，距离太远会使交往个体产生期待压力，增大陌生感，不利于交流；距离太近会使交往个体没有任何隐私，增大了磨合，也不利于交流。所以说，只有控制好这个距离，才能让交往变得舒心，变得美好。

初次见面让人放松

人际交往中，在初次与人见面时，交往要把握适当的距离，不要离得太远，太远会给人以拒人千里之外之感；也不能离得太近，太近让人感觉你有目的、有企图。把握这个距离，有一定的技巧，你可以运用情境同一性原理，找到沟通双方感情的共鸣点，使对方和你有一见如故的感觉。这样就能消除对方的心理障碍，让对方感觉到你是可以信赖的人，从而就会放松警惕，打消对你的怀疑，拉近彼此的距离。

感情的触发点可以是共同的爱好、兴趣，甚至是某人珍惜的某件物品等。许多名人志士都善于运用这样的谈话技巧，为他们赢得了许多机会。

1937 年，韦尔斯作为《密勒氏评论报》驻北平记者准备赴延安采访。在一个深夜，她摆脱国民党势力和蓝衣社特务的监视，化妆从窗户跳出住地逃往延安。

到达延安的第二天早上，毛主席和朱总司令一同来看她。

毛主席说："欢迎你到延安来。"

韦尔斯说："我知道你的故事。因为我丈夫斯诺写了你的故事，是我给他打的字。"

毛主席听了会心地笑起来。韦尔斯立即从笔记本中取出一张照片，对毛主席说："我早就从这张照片上认识你了。这是斯诺给你照的。我跳窗户出来时，只带了两样东西，一样是你的照片，一样就是一盒口红。你知道，一盒口红对美国年轻的妇女是多么珍贵，几乎什么都能贡献出来，而口红是不能丢的。所以，你也就不会诧异了。"

诙谐的话语逗得主席哈哈大笑起来。

毛主席接过那张戴着红军八角帽的照片，眯着眼睛笑着说："我从来没有想到，我的照片会这么好看。"

从这里开始，双方感情上的距离一下子拉近了，谈话格外融洽起来。

韦尔斯对毛主席说："我在延安看到你，看到一位中国革命的领导人，就仿佛在美国的某个村落里看到华盛顿一样。"

毛主席点点头笑道："我知道华盛顿这个人。"

韦尔斯又说："不过，我读过斯诺给你写的传记，仿佛更像林肯的传记一样，而不像华盛顿。"

毛主席说："我知道林肯，也喜欢林肯这个人。他颁布了《解放黑人奴隶宣言》，胜利地进行了一场影响深远的资产阶级民主革命。民有、民治、民享这个口号就是他提出来的。"

韦尔斯笑道："而你是要解放全中国人民的。"

这次清晨的会见是韦尔斯在延安漫长的采访序曲。由于韦尔斯一开始就点到了沟通双方感情的触发点，因而双方感情的距离很快便缩短了。韦尔斯的第一句话的目的是告诉毛主席：她虽然是第一次见到毛主席，但却不是陌生的，因为她曾为斯诺给毛主席写的传记打过字。这样的交谈就拉近了人的距离。接下来韦尔斯拿出一张照片给毛主席看，并说她把这张照片当作最珍贵的东西。话说得很风趣，使双方感情进一步融洽。第三步韦尔斯三言两语道出了她对毛主席的评价，拿毛主席同美国的华盛顿、林肯做了对比。这样一方面说明她本人已经对毛主席的革命活动有所研究，让访问对象清楚地感觉到她对对方活动抱有极大兴趣，从而证实双方在同一触点上的双向共鸣。

另一方面引起毛主席对她本人的信任与重视，说明她并不是一个走马观花、出于好奇看看热闹的年轻外国女子。韦尔斯明白，只有在访问对象重视记者的来访并信任其诚意与能力的情况下，访问对象才能同记者进行深入的交谈。她要造成一个与毛主席一见如故的印象，而她确实成功了。

善于找到彼此之间的共鸣点，从对方的言谈中发掘感情的触发点，不仅能瞬间拉近彼此的距离，让交流顺利和谐地进行，而且能显示你对对方的尊重。这不仅是一种交往技巧，更是一种交际心理策略。掌握它必将使你在人际交往中游刃有余，左右逢源。

巧妙示弱获得成功

在人际交往中，自我示弱可以使得对方放松紧张的情绪，从而创造一种轻松愉快的交流氛围。受自尊心的驱使，人们总是对自己的缺点和短处讳莫如深，不甘示弱。然而，如果对示弱巧妙地加以运用，它会成为赢得成功的有力帮手。示弱也是化解矛盾、维护团结、和睦相处、共同进步的重要手段。这就是人际交往中的示弱定律。

有一位记者去拜访一位政治家，目的是获得有关他的一些丑闻资料。然而，还来不及寒暄，这位政治家就对想质问他的记者制止说："时间还长得很，我们可以慢慢谈。"记者对政治家这种从容不迫的态度大感意外。

没过多大一会儿，秘书将咖啡端了上来，这位政治家端起咖啡喝了一口，立即大嚷道："哦！好烫！"咖啡杯随之滚落在地。等秘书收拾好后，政治家又把香烟倒着插入嘴中，从过滤嘴处点火。这时记者赶忙提醒："先生，你将香烟拿倒了。"政治家听到这话之后，慌忙将香烟拿正，不料却将烟灰缸碰翻在地。

平时趾高气扬的政治家出了一连串洋相，使记者大感意外，不知不觉中，原来的那种挑战情绪消失了，记者甚至对政治家产生了一种同情，一场针锋相对的谈话也就这样不了了之了。

记者怎么也没有想到，事情的整个过程，其实都是政治家一手策划的。因为政治家知道，当人们发现杰出的权威人物也有许多弱点时，过去对他抱有的恐惧感就会消失，而且由于受同情心的驱使，还会对对方发生某种程度的亲切感。

由此我们可知，为人处世中，要使别人对你放松警惕，形成一定的亲近感，只要我们很巧妙地、不露痕迹地在他人面前暴露某些无关痛痒的缺点，出点小洋相，表明自己并不是一个高高在上、十全十美的人物，这样就会制造出一种随和的交往气氛，使他人在与我们交往时松一口气，变得轻松愉快。

在交际中，必须变通地选择示弱的内容，地位高的人在地位低的人面前不妨展示自己的奋斗过程，表明自己实在是个平凡的人。那些善于变通并已取得成功的人，在别人面前多说自己失败的纪录，现实的烦恼，给人“成功不易”、“成功了并非就万事大吉”的感觉。对眼下经济状况不如自己的人，可以适当诉说自己的苦衷，诸如健康欠佳、子女学业不妙以及工作中诸多困难，让对方感到“人家也有一本难念的经”。某些专业上有一技之长的人，最好宣布自己对其他领域一窍不通，袒露自己日常生活中如何闹过笑话、受过窘等。至于那些完全因客观条件或偶然机遇侥幸获得名利的人，更应该直言不讳地承认自己是“瞎猫碰上了死老鼠”。

示弱可以是个别接触时推心置腹的交谈，幽默的自嘲，也可以是在大庭广众之下，有意以己之短，示人之长。

示弱定律存在于世界的各个方面，可以说它是万物生存的需要。在自然界中，越是善于示弱的动物，越能有效地保护自己，适应环境的变化。乌龟在遇到强敌时不会与之斗争，而是将自己柔弱的头和四肢缩进硬硬的龟壳中，这样才能活得长久。自然界尚且如此，人类更是不例外，要想更好地生存、发展，就要学会适时适度地示弱。示弱是一种“障眼术”，是在自己弱小、无力还击时保护自己免受“硬伤”的一种必不可少的保护手段。

示弱不仅在于语言上，有时还要表现在行动上，自己在事业上处于有利地位，获得一定的成功，在小的方面，即使完全有条件和别人竞争，也要尽量回避、退让。也就是说，平时小名小利应淡薄些，疏远些，因为你的成功已经成了某些人嫉妒的目标，不可以再为一点微名小利惹火烧身，应当分出一部分名利给那些暂时处于弱势中的人。

示弱定律不仅是一种自我保护的生存法则，更是你赢得好人缘的交往技巧，是一种社交心理策略。平时我们低调、谦虚的做人处事，都体现出一种“示弱”的心理。从某种意义上来说，示弱不仅是人际交往中的一种智慧，更是一种做人的美德。人人都爱跟有这种美德的人亲近、交往。

记住别人的名字

生活中，每个人都将自己的名字看得非常重要，他的名字对他而言是所有语言中最重要、最甜蜜的声音。因此，在与人交往中，记住别人的名字，并把它叫出来，是一种非常有效的交往心理策略。在很多交往场合，从记住并叫出对方的名字着手，常常能够产生奇效。

在经济萧条时期，无论是做生意还是找工作都是相当困难的，即使在西方强国美国也不例外。美国有一段时期，经济相当萧条，很多人找不到工作，生活在困窘之中。阿西亚好不容易进人了一家建材销售公司，成为公司推销员。公司有一个硬性规定，即公司推销员在第一个月内必须完成1000美元的销售任务，否则，一个月后还是会被告知走人。

于是，阿西亚每日都奔波于大街小巷，向他熟悉的每一个人推销自己的商品。虽然那些商品物美价廉，有些人家也确实用得上，但人们还是习惯于勒紧裤腰带、捂着钱袋过日子。眼看一个月的试用期就要快结束了，可阿西亚的销售额才只有300美元。

就在阿西亚快绝望时，他突然想起有一位邻居对他提起过，在他们小区附近的一幢别墅里，住着一位富有的老头。但是，这个老头脾气很坏，为人吝啬。不过，听说他最近准备重新装修别墅。这位邻居建议阿西亚不妨前去碰碰运气。如果运气好的话，或许能推销出一两件商品。

阿西亚即使知道这个老头儿的古怪与坏脾气，但为了自己的前途，阿西亚只好硬着头皮前往别墅去拜访这位富有的吝啬鬼。

这幢别墅的主人尼古得·玛斯帕·帕都拉斯，别人都只叫他“尼克”。阿西亚在拜访他之前，特别用心地念了几遍他的全名。

当阿西亚用全名称呼他：“早安，尼古得·玛斯帕·帕都拉斯先生”时，这个富老头呆住了。过了几分钟，他都没有答话。最后，眼泪滑下他的双颊。老头说：“先生，我在这个国家住了十五年了，从没有一个人用我真正的名字来称呼我。”

当这个富有的吝啬老头知道阿西亚前来的目的时，欣然买下了2000多美元的商品，要知道，这在当时是一笔非常大的数目。

记住他人的名字，并爽口地叫出来，是一种很好的交往策略，它表现了你对对方的尊重与重视，可以更好地赢得他人的好感与信任。拿破仑三世就曾经得意地说，即使他日理万机，仍然能够记得每一个他所认识的人的名字。

他的技巧非常简单。如果他没有清楚地听到对方的名字，就说：“抱歉。我没有听清楚。”如果碰到一个不寻常的名字，他就说：“怎么个写法?”

在谈话的当中，他会把对方的名字重复说几次，试着在心中把它跟那个人的特征、表情和容貌联想在一起。

如果对方是一个重要的人物，拿破仑三世就要更进一步。等到他旁边没有人时，他就把那个人的名字写在一张纸上，仔细看看，聚精会神地深深记在心里，然后把那张纸撕掉。

记住别人的名字，是构筑良好人际关系的一个重要方法。如果你总是用“喂”、“那个谁”等等与人打招呼，也就不会有人记得你的名字和你这个人，而你的人际关系只会变得更糟糕。

恰当的自我暴露更容易被人接受

现实生活中，许多人受“面子”的驱使，或是为了使自己在别人面前的形象更加“完美”，不愿意透露自己真实的信息，唯恐自己的弱点暴露给别人有损于自己的形象。殊不知，恰如其分地暴露自己，不仅不会损坏你的形象，还能快速地缩短彼此的心理距离，使你更容易被人喜欢和接受。

自我暴露，从心理学上来讲就是：把自己私密的一方面显示给他人，以此拉近双方的心理距离。交往双方通过采用自我暴露的方式可以增加相互间的接纳和信任感。

从某种意义上来讲，自我暴露的广度和深度是人际关系深度的一个极为敏感的“探测器”。想了解我们对别人的接纳程度，通过了解我们的自我暴露水平就可以了。

也就是说，我们对别人接纳得越多，要求对方对我们暴露得就越多、越深。但有一点要特别注意：无论关系多深多密切，我们每个人都有自己不愿意暴露的领域。我们不能因为关系亲密或者是情侣、夫妻、亲子，就要求对方完全敞开心扉，更不应该随意侵犯对方不愿意暴露的隐私。否则，会让对方产生强烈的排斥情绪，从而导致对我们的接纳度下降。

一般而言，自我暴露的程度划分为四个层次：首先是情趣爱好方面，比如饮食习惯、偏好等；第二是态度，如对人的看法，对政府和时事的评价等；第三是自我概念与个人的人际关系状况，比如自己的种种情绪、和家人的关系等；第四是隐私方面，比如个体的性经验，个体不为社会接受的一些想法和行为等。

自我暴露不仅能拉近双方的心理距离，还会增加双方的喜欢度。“自我暴露会增加喜欢”，这是美国社会心理学家西迪尼·朱亚德通过一系列实验得出的结论。

一位知名影星主演的新片受到了评论界的指责，他因此变得心情忧郁。

“我再也抬不起头来了，我怎么熬过这种可怕的日子呢？”他对心理专家诉苦道。

心理专家听了之后，只给他了一条建议：把你自己内心中这些想法主动暴露在大家的面前。这位电影明星照办了，他举行了三次记者招待会，忐忑地暴露了内心中的自我，说他为自己的发挥失误感到很惶恐。经过这几次招待会，他卸掉了思想上的包袱。他的真实流露，给记者们留下了深刻的印象，记者们重新以同情加赞许的笔调报道了他，他重新成为影迷心中“令人喜欢的人”。

心理学家发现：良好的人际关系，是在人们自我暴露逐渐增加的过程中发展起来的。随着我们对一个人的接纳度和信任感越来越高，我们也会越来越多地暴露自我，同时我们也希望别人越来越多地暴露他们自己。因此，我们要想知道自己同他人的关系深度如何，要想知道他人对我们有多高的接纳度，只需要了解他人对我们的自我暴露深度如何即可。自我暴露的层次越高，说明双方交往的程度越深，与对方的关系也越好。这就是自我暴露的“贴近效应”。人际关系由低水平的自我暴露和低水平的信任开始。当一个人开始自我暴露时，这便是信任关系建立的标志。而对方以同样的自我暴露水平做出回应，就是接受信任的标志。这种自我暴露的往复交换，直到双方达到满意的水平为止。

因此，在人际交往的过程中，不要太在意面子与形象，完全可以恰如其分地暴露一下自己，这样才能更快地拉近彼此的距离，更容易被对方接受。

第五章

在交往中得到别人的尊重

在社会上，每个人都有自己的尊严和生存底线。人际交往中，想要得到别人的尊重，就不要碰触别人的底线和尊严，要知道，尊严是一个人生活的精神灵魂，触犯了别人的尊严就会伤害一个人的感情。因此，我们一定要学会海纳百川，真诚待人。

宰相肚里能撑船

“宰相肚里能撑船”说的是为人处世要宽大，能包容，要豁达大度，宽厚仁慈。它是一种人际交往的智慧，是人们在看透生活之后得到的那份淡定与从容。豁达而包容的处世态度对一个人的为人处世非常重要，它常常融入在一个人的性格和行为当中，包含在人们的生命里。

能包容他人的人往往能让人感到特别亲切，他们一般都有比较好的人缘，而这种好人缘正是他们走向成功的助推力。

古往今来，那些成功人士大多都有包容之心。能够包容别人的人身边往往有许多朋友，而且都是不容易背叛他们的朋友，这正是因为他们在生活中能够包容朋友的许多过失，使朋友都乐于和他们相处，并适时帮助他们。

在人际交往中，应该有豁达大度的胸怀，尽量地去包容他人，这样才能更快地找准成功的方向。所谓豁达，即性格开朗；所谓大度，即气量宏大。能够包容他人的人，能和不同性格的人和谐相处，能够听得进批评自己的话，也能够做到忍辱负重，面对误会和委屈，他们也能很好地处理。善于包容的人能够不计较小事，常常是大事清楚，小事糊涂。他们严于律己、宽以待人，并时常热情地关心和帮助别人。

有的人之所以与人交往得不愉快，就是因为心胸有些狭窄，喜欢在小事上纠缠，时间一长，对他人的意见就变为成见，一时的怨气也就变成了怨恨，在感情上就会排斥对方甚至到反目成仇的地步。

包容对方，首先要学会悦纳对方。朋友之间相处，如果你不能接受他，那么你就不可能包容他。事实上，不仅友情是这样，任何感情都是从接受开始的。

美国有个越战归来的士兵从旧金山打电话给他的父母：“爸妈，我回来了，可是我有个不情之请。我想带一个朋友同我一起回家，可以吗?”

“当然好啊!”他们回答，“我们会很高兴的。”

儿子沉默了一会儿，接着说：“可是他在战争中失去了一条胳臂和一条腿。”

“哦，天啊！我很难过，或许我们可以帮他找个安身之处。”父亲帮儿子出主意，“儿子，我们还有自己的生活要过，也许事情会比较麻烦。”

通完电话之后，父母一直在等待儿子归来，然而，他们再也没有收到儿子的消息。

过了很长一段时间，这对父母接到了来自旧金山的一个电话。电话是警察局打来的，告诉他们去辨认儿子的遗体。当他们到达现场时，看到的是死去的儿子。令他们感到惊讶的是，儿子居然只有一条胳臂和一条腿。

事实上，生活中大多数的人都与故事中的父母一样喜欢完美，然而，现实并不尽如人意。问题不在于对方完美与否，而在于你是否能悦纳、接受他。在对待朋友时也是这样，即使有了伤害，你也要学会接受，学会包容。

有两个人在沙漠中旅行，在旅行的途中，他们发生了争吵。其中的一个人扇了另一个人一个耳光，被打的人觉得自己受到了侮辱，他什么话也没有说，只是在沙子中写下了这样一句话：“今天，我的朋友扇了我一巴掌。”他们继续前进，一直走到了沃野，于是他们打算停下来休息一会儿，可是被打的那个人由于蹲错了地方，差点被水淹死，幸好他的伙伴救起了他。被救之后，这个人拿起一把小刀，在一块大石头上刻下：“今天，我的朋友救了我一命。”他的同伴看到他这个举动后很好奇，于是问他：“为什么我打了你，你要写在沙子上，但是我救你之后，你却刻在石头上呢?”

这个人微笑着回答道："当我受到伤害的时候，我会把伤害写在最容易忘的地方，风会负责把这些伤害抹去的；当我接受了帮助后，我要让这些帮助留在我心底，任何的外在因素都不会抹去它。"

朋友之间相处时，伤害往往不是有心的，而帮助却是出自真心的，学会忘记那些无心的伤害，包容朋友的过失，你会发现与朋友的相处将会更加融洽。

事实上，如果在小事上多一些包容，你就会更加受人敬佩。包容是一种度量，想要学会包容，就要学会原谅别人，待人接物都不能过于苛求，要知道"水至清则无鱼，人至察则无徒"，过于苛求别人往往会把自己孤立起来。

包容是一种别样的魅力，它可以令人更愿意靠近你，它可以让人的形象更高大。当然，包容别人不是一味的退让和不分对象的宽恕，而应该是有原则的。

宰相肚里能撑船，善于包容他人，不仅是社会交往过程中的润滑剂，也是一个人走向成功的必要条件之一。包容他人的度量从根本上说来自一个人宽广的胸怀。一个有远大生活理想和目标的人，其心胸必然是宽广的。因此，只有从个人利益的小圈子中解脱出来才能进入更广阔的空间，才会具备宽广的胸怀，领略到海阔天空的境界，进而一步步走向成功。

要学会忘记恩怨

乐于忘记，无其是乐于忘记他人的过失是一种人际交往的圆融变通智慧。有一句名言说："生气是用别人的过错来惩罚自己。"所以，为了不惩罚自己，那么就应该放宽自己的胸怀，忘记别人的过错。

乐于忘记恩怨是成大事者的一个特征，既往不咎的人，才可以甩掉沉重的包袱，轻装前进。

能对冒犯过自己的人以礼相待，往往能够拥有超人气的良好人际关系，同时借助良好的人际关系干出一番事业。

唐朝的李靖曾任隋炀帝时的郡丞，他是最早发现李渊有图谋天下之意的人，并向隋炀帝检举揭发李渊。李渊灭隋后要杀李靖，李世民反对这样做，再三请求保他一命。后来，李靖驰骋疆场，征战不疲，安邦定国，为唐王朝立下了赫赫战功。魏征也曾鼓动太子李建成杀掉李世民，李世民同样不计旧怨，量才重用，使魏征觉得“喜逢知己之主，竭其力用”，也为唐王朝立下了汗马功劳。

宋代的王安石当宰相之时，因为苏东坡与他政见不同，便借故将苏东坡贬官到了黄州，致使苏东坡狼狈不堪。然而，苏东坡胸怀大度，他根本不把此事放在心上。王安石被罢相后，两人的关系反倒好了起来。苏东坡不断写信给隐居金陵的王安石，或共叙友情，互相勉励，或讨论学问，十分投机。苏东坡由苏州调往汝州时，还特意到南京看望王安石，受到了热情招待，二人结伴同游，促膝长谈。离别时，王安石嘱咐苏东坡：“将来告退时，要来金陵买一处田宅，好与你永做睦邻。”苏东坡也满怀深情地感慨道：“劝我试求三亩田，从公已觉十年迟。”二人一扫前嫌，成了知己。

唐朝宰相陆贽，在位时曾听信谣言，认为太常博士李吉甫结党营私，便把他贬到明州做长史。不久，陆贽被罢相，被贬到了明州附近的忠州当别驾。后任的宰相明知李、陆有这点私怨，便玩弄权术，特意提拔李吉甫为忠州刺史，让他去当陆贽的顶头上司，意在借刀杀人，通过李吉甫之手把陆贽除掉。没想到李吉甫不记旧怨，上任伊始，便与陆贽饮酒结欢，使现任宰相借刀杀人之计化为泡影。对此，陆贽深受感动，他便积极出主意，协助李吉甫把忠州治理得一天比一天好。李吉甫不计前嫌，宽待别人，也帮助了自己。

人生在世，总记着别人的不好，那么，一个人的心胸就会越来越窄。知识可以多容，怨恨还是少记，是非曲直，不要老放在心头，圆融变通，抛弃恩怨，只有这样才会拥有更多的知心朋友。

所谓“冤冤相报何时了”。如果别人冒犯了你，你一定要找个机会罚治他一番，心里才能爽快，那别人也就会更与你势不两立，这样下去关系只会越闹越僵。反过来说，只要你有一颗宽容的心，不与别人斤斤计较，别人也就不会与你过不去。所以，我们在日常生活中要学会忘记和善记，善于忘记别人的不好，善于记住别人的好。少一点自己的私欲，多包容别人一点，别人也会同样很好地对待你，这样，你才会有一颗美丽的心灵，才会有一份良好的人际关系。

尊重别人才能得到别人的尊重

在物理上，力与力的关系是作用力与反作用力的关系。若用到人际关系中，就是你给别人付出多少，你也就能收获多少人情。事实就是这样，当你对别人的尊重多一分时，别人对你的尊重也在增长。下面的小故事就很好地说明这个原理：

小张和一位同事小范去曼哈顿出差，正要吃早饭时，小范出去买份报纸。过了5分钟，小范空手回来了，他摇摇脑袋，含糊不清地小声骂街。

“怎么啦?”小张问。

小范答道：“我走到对面那个报亭，拿了一份报纸，递给那家伙一张

10美元的票子。他不是找钱，而是从我腋下抽走了报纸。我正在纳闷，他开始教训我了，说他的生意决不是在这个高峰时间给人换零钱的。”

同事们边吃饭边讨论这一插曲，同事们都认为这里的人傲慢无理，都是“品质恶劣的家伙”。饭后，小张决定去试一试，让小范在饭店门口看着他，小张横过马路去。

当报亭主人转向小张时，他和顺地说：“先生，对不起，我不知道你能不能帮个忙。我是个外地人，需要一份《纽约时报》。可是我只有一张10美元的票子，我该怎么办?”他毫不犹豫地把一份报纸递给我道：“嗨，拿去吧，找开钱再来!”

小张兴高采烈地拿了“胜利品”凯旋而归。同伴摇摇脑袋，随后小范把这件事称为“54街上的奇迹”。小张顺口说道：“我们这次出差又多得一份收获，一切在于方法。”

事实正是这样，尊重他人是交往的“心机”和策略，运用好这一策略你就可以和陌生人保持一种融洽的关系。在这种情况下，就能建立起公平和信任，并能互相交换实情、态度、感情和需要。有了这种自由的相互影响和共同分担后，就可以找到创造性的解决办法，从而使双方都成为胜利者。

另一个故事发生在20世纪40年代中期，已故的休斯制作了一部电影《被剥夺权利者》。电影主演是珍·拉塞尔，一位漂亮的浅黑色女郎，半露的高耸乳峰给人留下很深印象。这个电影可能已经被人忘记了，但是电影的广告牌也许还记得。拉塞尔仰卧在空中的一堆干草上。

那时候休斯迷上了拉塞尔，以致跟她签订了一个一年一百万美元的雇用合同。

12个月之后，她合理合法地说：“我想要我合同上规定的钱。”

休斯声明他现在没有现金，但有许多不动产。女明星的立场是她不听这些辩辞，她只要她的钱。休斯继续向她说明他现在现金周转不灵，要她等一等。而拉塞尔一直指出合同的法律性，上面清楚地说明年底付款。

双方的争执看来是没法和解的，他们以竞争性的敌对面目出现，于是都通过自己的律师在交涉，原先的亲密关系变成了胜败的斗争关系。外界谣传说，只有通过法律程序来解决了（请注意，这位休斯就是后来的环球航空公司为产权争议花过120万美元诉讼费的人）。如将这一冲突诉诸法律的话，谁将获胜，也许律师是唯一的胜利者。

这一冲突后来是怎样解决的？事实上，拉塞尔很聪明地对休斯说，“啊，你我是不同的人，有不同的奋斗目标，让我们看看我们能不能在互相信任的气氛下分享信息、感觉和需要呢？”他们正是这样做了，于是以合作者出现，结果使他们之间的纠纷得到了创造性的解决，满足了双方的需要。

最后把原来的合同改为每年付5万，分20年付清，合同上的金额不变，但时间变了。结果休斯解决了资金周转困难，并获得本金的利息；另一方面，拉塞尔的所得税逐年分期交纳，并且会有所降低，有了20年的年金收入，她就不必为每日的财务问题操心了。

两个人的相互尊重使双方既保住了面子，又取得了胜利。要记住，当你跟休斯这样的怪人打交道时，即使你对，你也胜不了。就个人的不同需要而论，拉塞尔和休斯都是胜利者。他们都明白打官司解决不了任何问题，反而会损失更多，两个人也都是聪明的，采取了和平的方式才使双方都取得了胜利。

在人际交往中，尊重对方就能够得到对方的尊重，这也是一种给人尊严的心理策略，只有懂得了这一原则，就会处理好你身边的人际关系。

真诚待人才能收获真心

做人的根本就是要真诚，古语说：“敦厚之人，始可托大事”。诚实是做人的起点，也是做人的归宿。离开“诚实”二字，就没有资格奢谈什么情操、气节和教养。只有待人以诚，待人以真，才能获得别人的尊重和信任，才能在复杂的人际交往中立于不败之地。

少女莉薇天生丽质，言谈举止落落大方，十分招人喜爱。马克·吐温一见到莉薇，就对她产生了好感。随着彼此了解的加深，他们真诚地相爱了。但是，莉薇的家教很严，马克·吐温要想娶她，必须征得她家里的准许。马克·吐温找到莉薇的父亲，提出了自己的请求。

由于莉薇的父亲对马克·吐温的为人很不了解，便没有立刻答应他，而是要他拿出材料来证明他是个品行端正的人。

马克·吐温从莉薇的家里出来后，就去办这件事。他想让莉薇的父亲了解真实的自己，所以，他没有去找那些欣赏他的人，而是找到六位平时对他不屑一顾的人，请他们每人分别写出一份证明材料。自然，这六个人的证明材料里充满了嘲讽、批评之言，甚至对于这桩婚事也不认同，话里话外说的都是“此人不配媛爱”的意思。

巧伪不如拙诚。马克·吐温深知这六份证明材料对自己求婚不利，可还是把它们毫无保留地亲手交给了莉薇的父亲。莉薇的父亲仔细看完了六份证明材料就陷入了沉思，过了好一会儿才打破了沉默。他凝视着马克·吐温问道：“他们都是些什么人？难道在这个世界上你连一个好朋友都没有吗?”

马克·吐温心想，大概是没戏了，他没做任何辩解地回答说："这样看来，的确是连一个好朋友都没有。"

出乎意料的是，未来的岳父大人对未来的女婿表示："我喜欢你的真诚，决定同意你和我的女儿结婚，因为真诚可以使一个人的缺点和错误变得值得原谅。现在，我比他们更了解你。首先，你是一个真诚的人，不隐讳别人对你的不好看法。其次，你也算是一个勇敢的人，敢于拿出对自己不利的材料来求婚。从现在起，我将成为你最真诚的好明友。"

莉薇的父亲没有看错人，真诚的马克·吐温没有辜负莉薇一家人的信任。莉薇成为马克·吐温的妻子后，生活十分幸福、美满，正如他在写给姐姐的信中所说："我们的生活充满明媚的阳光，看不到一丝一毫的阴影……"

事隔多年，有一次岳父提及当年的求婚之事，问马克·吐温为什么要那样做？他微微一笑说："知道了我的弱点，你就不会对我期望过高；从不高的期望中发现我的优点，你就会为没有选错我而高兴和自豪。我是在用真诚求爱。"

马克·吐温的岳父满意地说："真诚不是智慧，但它时常放射出比智慧更诱人的光芒。有许多凭智慧冥思苦想得不到的东西，靠真诚却能轻而易举地得到它。"

真诚本身就是一种智慧，它能促进人与人之间的尊重和信任，为个人的发展打下坚实的基础。真诚是心胸开阔和充满自信的表现，是争取谅解、赢得人心和反败为胜的好办法。

1928 年，散文家沈从文被中国公学学校聘为讲师。沈从文那时才 26 岁。他学历只是小学文化，闯入上海的时间也不久，身上还带着一股泥土气息，却以灵气飘逸的散文震惊文坛，颇有名气。

但是，名气不等于经验，也不等于胆量。在他第一次走上讲台的时候，除原班学生外，慕名来听课的人也很多。面对台下渴盼知识的学子，这位大作家竟整整呆了10分钟一句话也说不出来，真是茶壶煮饺子，肚子里有货倒不出来。后来，他开始讲课了，由于紧张，原先准备要讲一节课的内容，在10分钟内就讲完了。

课讲完了，可是离下课的时间还早，沈从文没有死撑面子天南海北地侃下去，而是拿起粉笔，在黑板上一笔一画端端正正地写道："今天是我第一次上课，人很多，我害怕了。"这老实可爱的真诚话语，引得课堂上爆发出一阵善意的欢笑。原本心怀不满、认为他是盛名之下、其实难副的学生，也毫无怨气了。

一个人想做成一件事，如果没有更多的条件可以依靠，但只要有真诚就不用害怕，照样能把事情做成。真诚是人际关系的法宝。然而，要做到真诚，不能只在外表上用功夫。说话表情虽好，而你的内心不诚，至多成为"巧言令色"罢了。对方如不是糊涂之辈，定会看出你的虚伪。只有内心真诚，才能让对方体会到你的诚意，才能真正地打动对方，赢得对方的喜欢与信任。要做一个真诚的人，切忌平时欺骗他人。欺骗也许能得一时之利，却不能维持长久。如果你的欺骗被人看出，即使以后你真的有诚意，仍会被认为是另一种姿态的虚伪。

婉转地为他人掩饰过失

生活中，人人都有自尊，人人都好面子，正因为此，所以每个人都不希望别人当众指出自己的缺点或过失。为他人掩饰过失，不仅是一种与人交往的技巧，更是你获得好人缘的法宝。

《菜根谭》上有这么一句话："人之短处，要曲为弥逢；如暴是以短攻短。”此话的意思就是：别人有缺点或过失，要婉转地为他掩饰或规劝，假如去揭发传扬，就是用自己的短处来攻击别人的短处，结果可能会于人于己都没有什么好处。

陈嚣与纪伯是一对邻居。一天夜里，纪伯偷偷地将隔开两家庭院的竹篱笆，向陈家那边移了一点，以便让自己的院子宽敞一些，这一举动恰好被陈嚣看到了。纪伯走后，陈嚣将篱笆又往自己这边移了一丈，使纪伯的院子更宽敞了。纪伯发现后，心里很是愧疚，不但还了侵占陈家的地方，而且还将篱笆往自己这边移了一丈。

陈嚣面对自己邻居的自私行为，采取了“曲为弥缝”的做法，让纪伯意识到自己的不当行为，并感到非常内疚，使他产生了“以小人之心，度君子之腹”的感觉，这就欠下了陈嚣一个人情，即使他还了这个人情，但是每当他想起时，他还是会内疚，还是会想办法报答纪伯。

陈嚣“邻之短处，曲为弥缝”的行为，不仅避免了邻里之间的矛盾冲突，而且还加强了邻里和睦。这种做法可谓变通得巧妙。俗语道：远亲不如近邻。为自己建立起邻居这张方便、强大的人脉网，可以在急难时迅速得到他们的鼎力相助。反过来，试想一下，如果陈嚣不用此法变通，再将竹篱笆移回至原处，即便不多移一寸，纪伯发现后，可能会无视自己的自私，而视这种行为为理所当然，结果就不会是现在这个样子了。

卡耐基曾经说：“用你的表情、声调和动作来表示他犯了错误，你就好比当面告诉人家他错了。但是你能够当面说出他的错误吗？绝对不行！因为这样做会伤害了他的自尊、判断力和理智。如此，对方只会反击，而不会改变他的主张，即使用柏拉图或康德的理论去说服对方，也不会使他改变意见。因为你已伤害他了。”毫无疑问，婉转为对方掩饰错误，比当面指出对方的错误更能令其认识错误、改正错误。

战国时，梁国与楚国为邻国，两国在边境上各设界亭，亭卒们也都在各自的地里栽种了西瓜。

梁国的亭卒勤劳，每天都为瓜地锄草浇水，瓜秧长势极好；而楚国的亭卒懒惰，西瓜秧长势自然不好，于是趁夜里风高月黑偷跑过去，把梁国亭卒的瓜秧全给扯断了。梁国的亭卒第二天发现后气愤难平，报告给边县的县令宋就，并建议："我们也过去把他们的瓜秧扯断!"

宋就说："这样做当然是很卑鄙的，我们明明不愿他们扯断我们的瓜秧，那么我们为什么再反过来扯断人家的瓜秧呢？别人不对，我们再跟着学，那就太狭隘了。你们听我的话，从今天起，每天晚上去给他们的瓜秧浇水，让他们的瓜秧长得好起来，而且，你们这样做，他们一定会知道的。"

梁国的亭卒听了宋就的话后觉得有道理，于是就照办了。楚国的亭卒发现自己田里的瓜秧的长势一天好似一天，仔细观察，发现每天早上瓜地都会被人浇过，而且是梁国的亭卒在黑夜里悄悄为他们浇的。楚国的边县县令听到亭卒们的报告，感到十分惭愧，不由得非常敬佩梁国的亭卒，于是把这件事报告了楚王。楚王听说后，也感于梁国人修睦边邻的诚心，特备重礼送梁王，既表示自责，亦表达酬谢，结果这一对敌国成了友好的邻邦。

所谓"唇亡齿寒"，梁国"曲为弥缝"的变通之举，无疑为自己在七雄割据的乱世建立起强而有力的人脉。

日常生活中，如果你发现了朋友的缺点或过失，你既不用一味地迁就，也不用与之反目成仇，你可以效用"曲为弥缝"的变通方法，婉转地为其掩饰。这样做，不仅保全了对方的面子，赢得对方的依赖与尊敬，而且还能更好地巩固自己的人脉，维护自己的利益。

不要刻意地抬高自己贬低别人

现代社会是一个竞争尤为激烈的社会，要想在竞争中立足，要想在社会中赢得好人缘，就必须学会适当地表现自我，学会恰当地抬高自己。这是一种生存哲学，更是一种交往技巧。与人交往中，不会抬高自己就难以获得高质量的社交效果。善于交际者总是尽量把自己的长处呈现于朋友同事面前。比如，得体的打扮、温文尔雅的举止、渊博的学识、能言善辩的口才，这些都会给人带来一个良好的交际印象。从这个意义上来说，恰当地抬高自己就是努力地表现自我，把自己最好的一面呈现给他人。

但是，适当地抬高自己并非清高自负，抬高自己也不是让你去贬低他人。其中是有一定的分寸与尺度的。生活中，有很多人往往把握不好这个分寸，常常为了抬高自己而去贬低甚至诋毁他人。有的人为了表现自己就自命清高，经常旁若无人地高谈阔论，甚至做出矫情夸张的表情；有的人为了显示自己，对别人不屑一顾；有的人趾高气扬，以批评别人、贬损别人为乐；有的人为了晋升职务，踩着别人的肩膀往上爬……这些都是让人不齿的行为。

真正展示教养与才华的自我表现绝对无可厚非，但是那些刻意地抬高自己而贬低别人的行为则是最愚蠢的。法国哲学家罗西法古说："如果你要得到仇人，就表现得比你的朋友优越吧；如果你要得到朋友，就要让你的朋友表现得比你优越。"这句话真是没错。因为当我们的朋友表现得比我们优越时，他们就有了一种重要人物的感觉，但是当我们表现得比他们优越时，他们就会产生一种自卑感，形成羡慕和嫉妒的心态。

许多人在谈话中不论是否以自己为主题，总有显现自己、主张自我的表现，这种人虽说可能被人高估为“具有辩才”，但是也能被认为是“口无遮拦、轻浮自傲”或经常想“引人注目”等，他的自我显示，常使别人产生排斥感和消极情绪。

姜先生是合肥市某县人事局调配科的干部，按说搞人事调配工作很难有不得罪人的，可他却是个例外。刚到人事局的那段日子里，姜先生几乎在同事中一个朋友都没有，因为他正春风得意，对自己的际遇和才能满意得不得了，每天都吹嘘自己在工作中的成绩，炫耀每天有多少人找他请求帮忙，哪个几乎记不清名字的人昨天又硬是给他送了礼等得意事，同事们听了之后不仅没有人分享他的“成就”，而且都极不高兴。后来，还是当了多年领导的老父亲一语点破，他才意识到自己的症结到底在哪里。

从此，他很少谈自己而多听同事们说话，因为他们也有很多事情要吹嘘。把自己的成就说出来，远比听别人吹嘘更令人兴奋。每当他有时间与同事闲聊的时候，总是先请对方滔滔不绝地把他们的得意事炫耀出来，并与其分享，只是在对方问他的时候，他才谦虚地说一下自己的成就。

那些无视他人存在而只顾自己高谈阔论者不仅得不到他人的注视与认可，反而会遭到他人的反感与厌恶。正如卡耐基所说：“如果我们只是要在别人面前表现自己，使别人对我们感兴趣的话，我们就将永远不会有许多真实而诚挚的朋友。朋友、真正的朋友，不是以这种方法来交往的。”

要想得到好人缘，赢得更多的朋友，就不要让自己有太多的优越感。日常工作中不难发现这样的同事，其人虽然思路敏捷、口若悬河，但一说话却令人感到狂妄，别人很难接受他的任何观点和建议。这种人多数都是因为喜欢表现自己，总想让别人知道自己很有能力，处处想显示自己的优越，从而希望获得他人的敬佩和认可，结果却适得其反，失掉了在同事中的威信。在人际交往中，那些谦让而豁达的人总能赢得更多的朋友；那些妄自尊大、高看自己、小看别人的人总会引起别人的反感，最终使自己走到孤立无援的境地。

在与人交往过程中，我们还要学会发现别人的优点。生活中，任何人都希望得到别人的肯定评价，都在不自觉地维护着自己的形象与尊严。只有发现对方的优点，才能在交往中多多地肯定对方，从而赢得对方的好感与依赖。有一些人只会看到别人的缺点，对别人的失误津津乐道，对别人的优点却视而不见、避而不谈。“金无足赤，人无完人”，“说人是非者，自是是非人”，恣意诽谤无异于是自掘坟墓。别人其实就是另外一个自己，你如何对待别人，别人就会还给你同样的待遇。老是背后挑剔别人的毛病，批评别人的缺点，久而久之就会众叛亲离，让人不得不对其人品和心机表示怀疑。

生活中我们不难发现，抬高自己与贬低别人只有一步之遥，把握好二者的分寸尤为重要。那些善于交际者正是因为很好地把握了这个分寸，才得以在人际交往中如鱼得水。这些人在与别人交谈时，往往多用“我们”少用“我”，因为前者让人感到十分亲切，后者给人一种距离感，让人觉得傲气十足。同时，他们也很少用“啊”、“哦”等一类的语气词，因为这类词语让人有敷衍的感觉。

假如你与某人真的话不投机，你应该认识到，对方有权保持他自己认为正确的思想和行为方式，你根本用不着计较，更不必反唇相讥，挑起舌战，可以一笑了之。那些总想借贬低他人来抬高自己，想靠揭人之短来达到自己目的的人，最后无不是搬起石头砸自己的脚。

第六章

学会技巧　让人主动跟随

生活中，很多人都希望能够得到别人的主动追随，可是怎样做才能让他人心甘情愿地跟随呢？这就需要讲究一些与人交往的技巧。人际交往的技巧很重要，技巧用得好，别人就会欣然接受你，并对你心悦诚服。在诸多技巧当中，最重要的就是要讲诚信，要理解他人，要让对方感受到你对他的尊重与重视。只有这样，才能让人主动跟随。

善于利用“自己人效应”

在人际交往中，相互之间会产生影响，时间长了，彼此总会产生一些相同的东西。在交往过程中，有些交际高手会通过一些方法强化这种影响，融洽彼此之间的关系。“自己人效应”就是一种彼此影响下的心理现象。所谓“自己人”，就是指对方把你与他归于同一类型的人。善于交际的人会利用“自己人效应”在他人心中建立起归属感，以达到融洽双方关系的目的。

心理学研究表明，每个人都害怕孤独和寂寞，希望自己归属于某一个或多个群体。最初人们需要家庭，继而希望融入其他团体。群体的归属是人的一种需要，这种需要不仅是身体上的，更是心理上的。当归属感被满足时，人们就可以从中得到温暖，从而消除或减少孤独和寂寞感。“自己人”就是一个满足归属感的方法。

无论孩子还是大人，都需要归属感，没有归属感的人永远无法安乐，时常会做出既伤害自己又伤害他人的麻烦。从某种意义上讲，人际交往就是一个寻找归属感的过程。当你通过交往建立起自己的朋友圈子时，就满足了自己内心归属的需要。如果你想结交一个朋友，你就需要融入对方的圈子，从中找到自己的归属。当一个人被告知是“自己人”的时候，心中就会不由自主地变得温暖起来，从而使他对“自己人”所说的话更信赖、更容易接受。

利用“自己人”效应，满足人们内心的归属感要求，深入人心，就可以轻而易举地赢得他人的认可。

抗日名将冯玉祥的诗中曾有“重层压迫均推倒，要使平等现五洲”的句子，他以“要求平等”号召士兵起来反抗。事实证明，冯将军并非空口说白话的人，他身体力行地实践着“平等”二字。平时冯将军体贴士兵，时刻关心他们的生活，亲自为伤兵尝汤药，擦身搓背，与士兵一起吃粗茶淡饭。在这种行动之中，士兵们都感到冯将军没有架子，与自己处于平等地位，因此把冯将军称为“真正的自己人”。

要得到他人的信任，就必须把对方当成自己人，通过“自己人效应”激发对方内心的归属感，这样才能拨动对方的心弦。

某中学校长发表以“矫正中学生早恋”为主题的演讲，他的开场白是这样的：“记得我年轻时，上课过程中总是禁不住看班上一个女孩，不知怎么搞的，当时脑子里总是会想到她。”在场的同学听后顿时鸦雀无声，这位校长指出这是青春期性萌动的正常反应。接着，他谈了自己对早恋的看法。学生们都觉得校长亲切可信，有些学生还把自己的早恋问题通过写信的方式告诉校长，希望得到他的帮助。

很显然，仅仅通过威严、名望是难以说服别人的，即便你有好的建议，如果不能让对方信任，也难以让他接受。如果能够通过强化“自己人效应”来激发对方的归属感，那么取得别人的信任就不难了。

人人都需要归属感，尤其是在遇到挫折困难的时候，这种需求就会更加强烈。在这个时候，你如果以“自己人”的立场拉他一把，帮他一下，他必将对你感激万分，并对你产生信任与依赖，并主动跟随于你。事实上，很多事情并不是一个人所能承受的，这就需要更多人的支持。而在碰壁之后，受伤的心需要修复，这也离不开他人的帮助。

归属感包括5个维度：舒适感、识别感、安全感、交流感、成就感。对此，“自己人”都可以将这些一一满足。要想通过归属感来融洽人际关系，最好的办法就是利用“自己人效应”。当然，“自己人”不可乱用，应该掌握正确的方法。

首先，应强调双方一致的地方。要让对方认为你是“自己人”，从而使你提出的建议易于被接受。如果你没有根据就称自己为对方的“自己人”，对方不仅不会信任你，反而会觉得你轻浮不可信，甚至怀疑你有所图谋。

其次，应使双方处于平等的地位。如果彼此所处的位置不一样，即使你的言辞表述富丽堂皇，也不能引起对方的共鸣。无论是同甘共苦，还是换位思考，都是为了让彼此的心灵处于同一平面上，这样才有可能产生“共振”。要想取得对方的信赖，先要和对方缩短心理距离，与之处于平等地位，这样就能提高你的人际影响力。

最后，要有良好的个性品质。如果一个人缺乏良好的品质，即便他把别人当成自己人，别人也不屑于与之为伍。试想，谁愿意与品行不良之人为一伙呢？

总之，要想让自己的人际关系更融洽，让别人更加相信自己，就一定要擅用“自己人效应”。

与人交往要做到言出必践

人际交往中，信用的能量是巨大的，一个讲信用的人让对方从心理上产生交往安全感，愿意跟你深交。如果说讲信用是一种做人的美德，那么，给人可信性则是一种心理策略，一种人际交往中的大智慧。

一个人只有讲究信用，才能得到支持，并有所作为。大多数人都喜欢和一个有信誉度的人交往，大到言出必行，小到守时守信，都能够看出一个人的品格和素养。

西周成王即位时还是个小孩子。一天，他和弟弟叔虞在后宫玩耍，一时高兴，就摘下一片桐叶给叔虞，说："我封你为王。"

第二天，大臣史佚一本正经地要求成王正式给叔虞划定封地。成王说："我这是和他在做游戏，怎么能当真呢！"史佚板着脸说："君无戏言。"

成王马上明白了这句话的分量，就把黄河、汾水以东的一百里地方封给了叔虞，这个诸侯国就是春秋中后期强盛一时的晋国。

据说，宋太祖有一天答应要任命张思光为司徒通史，张思光非常高兴，一直引颈企望宋太祖正式任命，但是始终没有下文。张思光实在等得不耐烦，只好想办法暗示。

张思光故意骑着瘦马晋见宋太祖，宋太祖觉得奇怪，于是问他："你的马太瘦了，你一天喂多少饲料呢？"张思光回答："一天一石。"

宋太祖又疑问道："不少啊！可是每天喂一石怎么会这么瘦呢？"张思光又冷冷地答曰："我是答应每天喂它一石啊！但是实际上并没有给他吃那么多，它当然会那么瘦呀！"

宋太祖听出语外之意，于是马上下令正式任命张思光为司徒通史。宋太祖终于通过自己的行动兑现了诺言。

在现实生活中，人与人之间的交往要做到言出必践。只有言行一致，拿出"一言既出，驷马难追"的气概，才能让别人信服。另外，遵守约定也是取信于他人的必备内容。在社会交往中我们不可避免地要与他人订立一些口头的协议，或订下某些规则。行动中只有认真执行，才能取得对方的信任。

历史上曾经有个叫尾生的人，他可是著名的遵守约定者。他与女子相约在桥下立柱会面，逾时女子没来，河水暴涨，他宁可淹死也不失约离去。故有尾生抱柱之信的说法，今天看他的做法似乎过头了，但其精神却永远值得大家借鉴。

中国人历来把守信作为人们为人处世、齐家治国的基本品质，主张言必行，行必果。贾谊说：“治天下，以信为之也。”小信成则大信立，治国也好，理家也好，经商也好，交友也好，都需要讲信用。

清代顾炎武曾赋诗言志：“生来一诺比黄金，哪肯风尘负此心。”表达了自己坚守信用的处世态度和内在品格，一诺千金的典故便是由此而来的。信用不像钱那么简单。只要你有钱，就可以立即把资金汇入银行，要取就取，但是，信用就不会像钱这样来得容易，用得方便，要取得信任是要长时间积累的，信用无法在短时间内形成。因此，我们一定要为自己创造信用，而且要每天不断地累积。

“轻诺必寡信，多易必多难。”一个人如果经常失信，一方面会破坏他本人的形象，另一方面还将影响他本人的事业。信誉许诺是非常严肃的事情，对不应办的事情或办不到的事，千万不能轻率应允。一旦许诺，就要千方百计去兑现自己的诺言，以获得别人的信任。

人际交往中，诚信是最高明的处世之道，也是最有效的成功素质之一。人无信不立，不做言过其实的许诺。不做言而无信、背信弃义的丑行。这才是有魅力的人，靠得住的人。所以，纵使万般艰难。也须言行如一，表里如一，决不可背信弃义。

注重细节的作用

许多人认为对小事情不必过于讲究。然而，于细微处见精神，一个人的道德风貌和内在品质往往就体现在这一言一行、一举一动之中。伟人之所以成为伟人，正是因为他们平时很注重这些生活中的点滴细节，才造就了自己高尚的品质和光辉的形象。相反，有些人自以为气度不凡，结果往往是因小“瑕”而掩了大“玉”。

一次孟尝君派冯谖去他的封地薛邑讨债，冯谖问：不知用讨回来的钱，需要买什么东西？孟尝君说：就买点我们家没有的东西吧！冯谖领命而去，结果把债券烧了，一文不取。贫困的薛邑老百姓没有料到孟尝君如此仁德，个个感激涕零。冯谖回来后，孟尝君问：讨的利钱呢？冯谖答说：不仅利钱没讨回，借债的债券也烧了。孟尝君勃然大怒：我是让你去讨债的，不是让你做慈善的！冯谖却缓缓地说：你不是吩咐说要我买家中没有的东西回来吗？我已经给您买回来了，这就是“义”。焚毁了债券，对您没什么影响，买来民心可是大有好处啊！数年后，孟尝君被人诬陷，丢了相位，回到封底薛邑。老百姓听说孟尝君回来了，全城出动，夹道欢迎，表示愿意拥戴他，孟尝君非常感动，理解了冯谖“买义”的苦心。

想要获得信任总不能永远一毛不拔，但是能够低成本买得人心，也不失为一种好办法。

有一家公司的老板每年逢年过节都会收到各种各样的礼品。由于礼品有意义的又没几个。所以这位老板每年收到礼物后，都直接转给了商店。不过有一次这位老板收到了一个很合心意的礼物，那是送给老板女儿的，是当时美国很流行的一个娃娃。这个礼物非常精致，而且是送给老板最疼爱的小女儿的。这位老板的感激之情自然油然而生。

由此我们可以发现，有人对有直接利害关系的一方送礼，对方往往理所当然地接受，甚至有时会觉得送礼的人是另有所图，从而产生警戒。但是，如果是对他的家人表示深切关注，对方就会想到：这个人居然用心到这个地步。较之自己被厚待更加深深感动。

关注他人的生活细节，更能赢得他人的好感。注重细节体现在各方各面，包括尊重他人的劳动与研究成果。

为了准备人类第一次载人太空飞行，前苏联宇航局从 1960 年 3 月开始招募宇航员，在这期间训练了至少 20 名宇航员，但最终选中了加加林。起决定作用的原因，就是确定人选几周前的一个偶然事件。

在尚未竣工的陈列厂内，受训的宇航员们第一次看到东方号宇宙飞船。主设计师科罗廖夫问谁愿意试坐，加加林报了名。在进入飞船前，加加林脱下了鞋子，只穿袜子进入还没有舱门的船舱。这一举动赢得了科罗廖夫的好感。他发现这名 27 岁的青年人如此珍爱他为之倾注心血的飞船，于是决定让加加林执行这次飞行。科罗廖夫认为，如此重要的任务应该交给一个注重细节的人，那样他才能放心。

加加林正是通过脱鞋进舱这个细小的动作，感动了科罗廖夫，从而赢得了“一步登天”的机遇。所以说不要小看小事情，要注重细节的作用，只要出手的时间合适，就能赢得信任！

要学会从别人的角度看问题

人际交往中，如果你要使别人信服你，那你首先就要真诚地尽力站在对方的立场上看事情。

卡耐基曾租用纽约某家饭店的大舞厅，用来在每季度举办一系列的讲课。

有一次，在一个季度开始的时候，他突然接到通知，说他必须付出比以前高出 3 倍的租金。卡耐基拿到这个通知的时候，入场券已经印好，并且发出去了，而且所有的通告都已经公布了。

卡耐基不想付这笔增加的租金，可是跟饭店的普通员工谈论是没有用的。因此，几天之后，他去见饭店的经理。

“收到你的信，我有点吃惊，”卡耐基说，“但是我根本不怪你。如果我是你，我也可能发出一封类似的信。你身为饭店的经理，有责任尽可能地使收入增加。如果你不这样做，你将会丢掉现在的职位。现在，我们拿出一张纸来，把你因此可能得到的利弊列出来。”

然后，卡耐基取出一张纸，在中间画了一条线，一边写着“利”，另一边写着“弊”。他在“利”这边的下面写下这些字：“舞厅空下来。”接着说：“你把舞厅租给别人开舞会或开大会是最划算的，因为像这类的活动，比租给人家当讲课场能增加不少的收入。如果我把你的舞厅占用二十个晚上来讲课，你的收入当然就要少一些。”

“现在，我们来考虑坏的方面。第一，如果你坚持增加租金，你不但不能从我这儿增加收入，反而会减少自己的收入。事实上，你将一点收入也没有，因为我无法支付你所要求的租金，我只好被逼到另外的地方去开这些课。”

“你还有一个损失。这些课程吸引了不少受过教育、修养高的群众到你的饭店来。这对你是一个很好的宣传，不是吗？事实上，如果你花费五千美元在报上登广告的话，也无法像我的这些课程能吸引这么多的人来你的饭店。这对一家饭店来讲，不是价值很大吗？”

卡耐基一面说，一面把这两项坏处写在“弊”的下面，然后把纸递给饭店的经理，说：“我希望你好好考虑你可能得到的利弊，然后告诉我你的最后决定。”

第二天卡耐基收到一封信，通知他租金只涨50%，而不是300%。

从对方的立场出发，为他分析出事情的利弊，对方便会主动地按照你的思路走下去，从而达到你的目的。卡耐基之所以成功，在于当他说“如果我是你，我也会这样做”时，他已经完全站到了经理的角度。接着，他站在经理的角度上算了一笔账，抓住经理的心理：赢利，使经理心甘情愿地把天平砝码加到卡耐基这边。

人的需要是各不相同的，各人有各自的嗜好偏爱。只要你认真探索对方的真正意向是什么，特别是与你的计划有关的，你就可以依照他的偏好去应对他。你首先应当将自己的计划去适应别人的需要，然后你的计划才有实现的可能。

生活中有时会发生这种情形：对方或许完全错了，但他仍不以为然。

在这种情况下，不要指责他人，因为这是愚人的做法。你应该了解他，站在他的立场去帮他分析，这样就能让他认识到自己的错误。

《阿信的故事》是一部曾对日本一代年轻人产生过深远影响的电视剧。阿信是这部连续剧的女主角。

里面有这样的一个情节：阿信好不容易令理发店老板同意把她留下来工作，她觉得应该勤快点，主动找事做。于是，她赶在大家起来之前，就把地擦了，把所有的理发器具也擦得一尘不染。

阿信没想到的是，自己的勤奋却引起了别人的不痛快。原先负责搞清洁的女孩表现得很不高兴，老跟阿信过不去。幸好后来有了个机会，才使两人消除了误会。阿信这才意识到自己无意中把别人的工作抢了。

聪明的阿信很快为自己找到了另一份没人干的事：为等候的客人倒水，给离去的客户擦鞋。从而给自己开拓了一个新的领域，赢得了老板的赏识、同事的欢心和客人的赞赏。

有位作家讲："肯替别人想，是第一等学问。""上半夜想自己的立场，下半夜想别人的立场"。假如你对自己说："如果我处在他当时的困难中，我将有何感受，有何反应？"这样你就可以省去许多烦恼，也可以增加许多处理人际关系的策略。

掌握劝说的技能

现代人由于交往手段的日新月异，交往范围不断扩大，希望得到别人理解、接纳的心理需求越来越强烈，所以更多的人越来越需要掌握劝说的技能。

劝说，通俗一点说就是让别人听信你的话，至于你的话对不对，那是另外一回事。从心理学的角度来说，劝说就是态度改变和重新形成的过程，这个过程反复重演，贯穿于我们的一生。

你想推销自己的产品吗？你想让交情不深的人为你出力吗？你想改变自己的爱人、孩子、父母的习惯吗？这一切都得用劝说的方法。不过，在你进行劝说之前必须明白：你可能改变不了某人的观点，但却可以使这个人理解你的观点。

要使你的劝说有成效，在劝说之前你一定要对劝说对象有所了解，如性格、年龄、性别、爱好、学历、籍贯等，并制定劝说的中心和重点，以及劝说方案。这叫“不打无准备之仗”。

劝说术的关键就是“见什么人说什么话”，“因什么事用什么法”。“见什么人说什么话”，在现代交际中并非油嘴滑舌，它的依据是说话不仅要根据需要，更重要的是要因人而异，否则就会犯“对牛弹琴”的错误，因而失去说服力。

有人曾对个性与说服力之间的关系做过调查，发现缺乏交际能力、社交活动受限制的人更容易被说服。一般说来，缺乏自信心，比较看重别人意见的人更容易被说服；自信心强、老练成熟、内心活动丰富、独立意识和自主能力较强的人不容易被说服。

劝说术是一门非常古老的学问，古希腊时就得到广泛的研究，苏格拉底问答法就是从那个时候流传下来的，迄今仍不失为有效的诱导法。掌握这种方法的诀窍就在于避开分歧意见，先提出一些对方能认可的问题，尽量引诱对方说“是”，然后再进一步使之接受原先不大可能接受的意见。比如，甲乙两朋友因一点小事闹翻了，你想使他们和解，就可以向甲提出几个问题：“你看乙是不是为人很正直呢?”“是的。”“他是不是一直对你不错?”“是的。”“你要多想想甲的好处，以及失去甲后的不利，就不要计较一些小事了，还是和好吧!”然后再以同样方法劝甲找出乙的长处……说到这里，一般人都会接受劝告的。

使用以上方法，注意提出的问题要简单明确，使对方不能多加考虑，不能拒绝回答，也不让对方作模棱两可的回答。

相传有位信佛的老妇人，每日诵经不止。她儿子想劝说她不再信佛。有一天，他站在母亲前面，叫了一声“娘”，其母问“何事”，其子一声不响。如此反复了三次，其母不免焦躁起来。其子笑着说：“我不过唤了你三次，你就不耐烦了，试想，你每天无数次地呼唤佛，佛怎能受得了?”其母恍然大悟，从此不再成天念佛了。

有一位女知青在农村插队时曾生下一女儿，因种种原因在自己回城时把她寄养在农村了，若干年后才认回了女儿，可是女儿对妈妈的行为并不原谅。尽管妈妈向她解释说，原来想认，可是没有房子，没有生活着落，后来情况好一些又始终难下决心。女儿追问为什么下不了决心，妈妈有口难辩。为了说服女儿，妈妈这样问道：“你逃过学吗?”女儿答：“逃过。”又问：“有什么感觉?”“有一种犯罪感，开始不敢到学校见老师，后来干脆不去学校里了。”妈妈说：“对了，妈妈当时就是这种感觉。越是想认你越是不敢去认……就这样拖下来了。”说到这里，女儿理解了，原谅了妈妈，扑到妈妈的怀里。

如果妈妈为自己的过失申辩解释，反而越描越黑，说不清楚。当妈妈指出一种女儿也经历过的情境，类比推理，将心比心时，就解开了女儿心头的疙瘩，实现了彼此心灵的沟通。

国外有个名叫格伦纳的社会学家，专门对幽默与劝说的关系进行了研究，他的结论是："尽管很多人愿意听幽默的夸张，但它却完全不具备说服性，其原因有可能是讲话者的主旨被幽默掩盖住了。"这就是说，幽默无助于劝说，不能把劝说的希望寄托在幽默上。为什么说幽默对劝说产生不利影响呢？一是劝说是一种严肃的事情，劝说者与被劝说者在心理上都需要一定程度的紧张。倘若一开始就定下了幽默的基调，再想紧张也就紧张不起来了。二是在劝说中穿插一点幽默调节气氛尚可，但千万不能在陈述要点时幽默，那样会使对方误认为问题不那么严重，下面你再强调也不会引起他的重视。三是不能拿对方的缺点错误打趣。否则容易使对方产生受侮辱感，不易引起对方对缺点错误的足够重视，会使对方误认为你不稳重。

劝说的方法可以有很多种，自己在实践中也可以创造。总之，劝说是一种说话的艺术，也是一种思维的智慧，是当代人不可缺少的交际策略。

答应了就一定要做到

诚信守诺是一种美德，更是一个人际交往的原则。要想让他人喜欢你、主动追随你，你就必须信守诺言，答应了就一定要做到。应允别人的承诺，如果自己办不到，不但给别人造成了不方便，也会让自己的威信降低。所以，在人际交往中，每个人都要学会兑现承诺，对没有把握的事情不要轻易许下承诺，承诺是一种信誉，更是一种信念。

在一座城市的冬夜，一位正要赶末班车回军营的军官被一位妇女拦住。军官有些生气，妇女赶忙解释：她在行人渐稀的街头看到一个孩子，他是黄昏时玩打仗游戏被派到街角站岗的，他的指挥官说过，没有命令，不得撤退。妇女明白，这个时候，已忘记了这件事的其他孩子可能已熟睡在热被窝里，就劝他赶快回家，但执拗的孩子坚持要接受命令。

无奈中，她想到请一位军人帮忙。军官没说什么，脸上充满着柔和又肃穆的神情。他迈着军人的步子走到孩子面前，敬了一个军礼，报上军衔之后对孩子命令道："你已出色完成任务，我命令你立刻撤岗回家。"孩子信服地看了看军官，回了一个军礼，欢跳着离去了。

如果我们办不到，就不要对他人作出承诺。而一旦你作出了承诺，无论如何也不能放弃。马来西亚文人朵拉，写过一篇文章，题目叫《答应不是做到》。作者在总结人们的应酬交际活动时，提出了一个值得交际者反思和重视的现象。文章写道：很多时候，我们要求别人办事，他们的反应是："好的，好的。"年轻的时候，我听到朋友这样回答，就非常放心，并且感动得很，因为有些朋友实在是才结交不久的。然而过不多久，便发现自己的心放得太早了。

当人们镇定地说"好的，好的"时，他只是在口头上说好，至于真的去实行，如果十个里有一个，就是你的幸运了。作者说，这类交际者"承诺时，态度看起来非常诚恳，日子走过，把说过的话当成风中的黄叶，霎时便无影无踪"。

承诺的结果是应诺，履践诺言。真正的应诺有时像美丽的童话，让人感动得心灵震颤。

伊人在他的《培养》一文中有这样的情节：大学生林克有着超群的才气和很帅的貌相，系里有不少女同学拼命追他，他都不动心。原来他在老家早已找了个"土"姑娘。那姑娘说不好丑俊，眼睛挺大，眼皮也双，只是里面缺点东西，让人感到空洞洞呆愣愣的。碎花连衣裙，有些土气。同学们见了都“啊、啊”为林克惋惜，那语气满含着惊讶、不解，都苦口婆心地劝林克，什么“不能心血来潮”啦，“要考虑以后的共同语言和志趣”啦……林克只是笑笑，末了才说：“答应了人家，总不能当儿戏。”

也许有人会挑剔这两则故事，说孩子太天真，说爱情太神圣。其实生活的全部意义正来自于这普通而平常的生活。言而无信，不知其可。答应了没有兑现，失去的不仅是信任，而且是生存的空间。“他这个人，答应的挺好，可过后就不办事，上次我托他办的那件事，到现在连个音信都没有”，这样的话在朋友中传播开来，今后将何以处世？

答应别人的事情，就一定要做到。如果不能做到，起初就不要答应。不能做到承诺的事情，失去的不光是信誉，更是一种责任感。

委婉表达才能让人心悦诚服

在人际交往中，一个人说话的语调也相当重要，从语调中可以反映出他是一个优柔寡断、自卑、充满敌意的人还是一个诚实、自信以及尊重他人的人。当你与他人意见不合，而又想坚持己见时，你不必对他人讥讽嘲笑、横加指责，你完全可以用柔和的语调，委婉地表达自己的立场。会取得意想不到的沟通和说服效果。

1940年，处于前线的英国已经没有资金从美国“现购自运”军用物资，而一些美国人也没有看到唇亡齿寒的严重事态，想放弃援助。总统罗斯福在记者招待会上宣传《租借法》以说服他们，为国会通过此法案成功地营造了舆论氛围。

在招待会上，罗斯福并未高声指责那些人目光短浅，他知道这样只能触犯众怒而适得其反。他妙语如珠，以理服人，使人们不得不心悦诚服。

他说："假如我的邻居失火了，消火栓在四五百英尺以外。我有一段浇花园的水龙带，要是给邻居拿去接上水龙头，就可能帮他把火灭掉，以免火势蔓延到我家里。这时候我怎么办呢？我总不能在救火之前对他说：'伙计，这条管子花了我 15 块钱，你要照价付钱。'这时候邻居刚好没钱，那么我该怎么办呢？我应当不要他的钱，让他在灭火之后还我水龙带。要是火灭了，水龙带还好好的，那他就会连声道谢，原物奉还。假如他把水龙带弄坏了，答应照价赔偿的话，我拿回来的就是一条新的浇花园的水龙带，这样也不吃亏。"

罗斯福总统援助英国的决心很坚定，但他没有直接表达这种强硬的态度，而是用通俗的比喻表达自己的真实想法，达到了非常好的说服效果。

人人都有喜欢听好话的心理，听了悦耳动听的言辞会产生愉快的情绪，而对那些指责与大声呵斥，也就产生一种排斥的心理。罗斯福总统就深明这一点，为了不引起众怒，他以柔和的声调向听众亲切地交谈，这种方式无论于情于理都打动了别人的心，使他的宣传圆满成功。

心理学研究表明，说话时的语调能反映出一个人的内心世界，当他生气、惊愕、怀疑、激动时，表现出的语调一定是不自然的。从一个人的语调中，我们就可以感到他是一个令人信服、幽默、可亲可近的人，还是一个呆板保守、具有挑衅性、好阿谀奉承或者阴险狡猾的人。

柔和的谈吐是值得提倡的一种交际方式。谈吐柔和表现为语言含蓄，措辞委婉，语气亲切，语调柔和，是一种很有感染力的说服方式。这样说话，对方会感到亲切和愉悦，所谈之言也易于入耳生效，有较强的说服力，往往能收到以柔克刚的交际效果。

上述罗斯福的故事，就说明有理不在声高，并非说话有棱有角、咄咄逼人才有分量。要知道人的心理思维是奇特的，有很多时候，一方若是态度很强硬，另一方就会比他还要强硬。若是一方十分谦和，而另一方也不好意思再固执下去，这就是心理的感化或同化作用。

谦让的本身就充满了尊重、宽容和理解，它能产生一种感化力，从而引起对方的心理变化。火气遇上和气，就像火遇到了水，失掉了发泄的对象，自然就会降温熄灭。

事实证明，谈吐柔和是一种委婉表达自己立场的良好办法。而要做到这一点也并不是一件易事，首先要加强个人的思想修养和性格锻炼，语言美是心灵美的具体表现。一个心灵丑恶的人，出口绝对是恶言恶语，有善心才有善言。其次，谈吐柔和，在遣词造句上有一些特殊的要求。

所以，我们在交往中应多用谦敬语、礼貌用语，表示尊重对方的观点和感情，以引起对方的好感。尤其要避免使用粗鲁、污秽的词语。在用词上要注意感情色彩，多用褒义词、中性词，少用贬义词。在句式上，应该多用肯定句，少用否定句，以减少刺激性。

无论谈论什么样的话题，都应保持说话的语调与所谈及的内容互相配合，并能恰当地表明对某一话题的态度。要做到这一点，所使用的语调应该能向他人及时准确地传递所掌握的信息，并得体地劝说他人接受某种观点或者倡导他人实施某一行动。虽然并不是说绝对不能高声断喝，但是用柔和的语调与人谈话效果会更好些。

一句柔和优雅的话语，往往能胜过一百句厉声的呵斥。因为，人人都有喜欢听好话的心理，而对厉声呵斥会产生一种排斥情绪。因此，柔和的谈吐更能令人信服，更能在不伤害对方的同时坚定自己的立场。

第七章

避免冲突 成就良性交往

良性交往，顾名思义就是在与人交往中，尽量避免矛盾的发生，要做到及时打破僵局、消除隔阂。生活中，人与人之间观点的差异，志趣的不同，个性的抵触，或者是偶尔的误会，都有可能在双方之间产生冲突。这种冲突如果不及时化解，就会导致双方的关系紧张起来，甚至发生争端，使双方的矛盾加深。所以要学会良性交往的心理策略。

不要触碰别人的逆鳞

在中国古代的传说里，龙的喉部之下约直径一尺的部位上的鳞是反向生长的，俗称“逆鳞”，如果不小心触到这一“逆鳞”，必会被激怒的龙所杀。其他的部位任你如何抚摸或敲打都没关系，只有这一片逆鳞无论如何也接近不得，即使轻轻抚摸一下也犯了大忌。

其实，人身上都有“逆鳞”存在。在与人交往中，我们要尽量避免触及对方的“逆鳞”，以免伤人伤己。而所谓的“逆鳞”就是我们所说的“痛处”，也就是缺点、自卑感，在人际关系的发展上，我们有必要事先研究，找出对方“逆鳞”的所在位置，以免有所冒犯。

小李从卫校毕业后，直接到当地的一所医院当护士，试用期三个月，合格的话就会被留用，她的运气确实不错。嘴甜、勤快使得医院里的护士都很喜欢她，尤其是护士长赵姐，对她就像亲妹子一样。眼看三个月的实习期就要满了，小李却在这时犯了一个致命的错误。一天午休时，几个护士聚在一起闲聊，小李突然问了赵姐一句：“赵姐，你家孩子几岁了？怎么不带到医院来玩啊！”大家都愣了，赵姐勉强笑着回了一句：“啊，我还没要孩子呢！”一名老护士连忙岔开话题说起了旅游的事，偏偏小李没眼色，又补了一句：“赵姐，那你可得抓紧时间了！不能只顾着事业呀，没有孩子可是女人一生最大的遗憾哪！”小李自以为话说得很得体，没想到话音刚落，赵姐就脸胀得通红，大骂了起来：“你算哪根葱哪根蒜，我的事你管得着吗？”小李目瞪口呆，委屈得直哭。把赵姐劝走以后，一名老护士才告诉小李，赵姐根本不能生育，在这家医院里，尤其是在赵姐面前，关于孩子的事，大家是连提都不敢提的！结果可想而知，小李的实习不合格，被退回学校去了。小李错就错在太过冒失，不该触人痛处，当赵姐回答没要孩子，其他护士又岔开话题的情况下，实在不应该再继续问下去，但她偏偏又自以为是地加了一句，结果惹了大祸。

每个人总有自己的弱点、缺点或者污点，在和对方谈话时一定要避开这些他（她）所忌讳的东西。因为忌讳心理，人皆有之，就连鲁迅笔下的那位惯用精神胜利法的阿Q也有忌讳。虽然他惯用精神胜利法安慰自己，因而少有耿耿于怀之事。别人欺他骂他，他能控制自己，心理很快能平衡，惟独忌讳别人说他“癞”，因为他头皮上确有一块不大不小的癞疮疤。只要有人当着他的面说一个“癞”字，或发出近于“赖”的音，或提到“光”、“亮”、“灯”、“烛”等字，他都会“全疤通红地发起怒来，口讷的便骂，力小的便打”。

在封建时代，因说话不留神，犯了人家忌讳而人头落地、身首异处的事例不胜枚举。当过长工，后来揭竿而起的农民英雄陈胜就忌讳别人说他是庄稼汉出身。他的几位患难兄弟因在他面前不知趣地提起有损他“领袖形象”的往事，结果招来杀身之祸。明朝开国皇帝朱元璋曾经当过和尚，做过“贼”（起义在封建时代是贼的同义语），自从当了皇帝后，就很忌讳人家提他以前的那段“不体面”的往事，如果有人当他的面说“和尚”、“僧”、“生”、“贼”、甚至与“贼”音相近的“则”字都会招来杀身之祸。在封建时代，这种忌讳心理发展到登峰造极的地步便是大兴“文字狱”，许多文人学者因犯了当权者的忌讳而白白丢了身家性命，可悲可叹。

不论是凡人还是不凡人，都有忌讳心理，你在谢顶者面前如果说他“怒发难冲冠”或“这盏灯怎么突然不亮了”等话，人家肯定会愤而变色，有时甚至于怒目圆睁、拂袖而去，到时候你就会尴尬不已。

那么，该怎样去避开他人痛处，不去触摸他人“逆鳞”呢？

首先应该先了解对方有无忌讳之处，对对方的忌讳之物要视为禁区，十分谨慎地避开，以免触痛对方。谢顶者面前不说“亮”，胖子面前不说“肥”，瘦子面前不说“猴”，矮子面前不说“武大郎”，其貌不扬者面前不说“丑八怪”，跛子面前不说“举足轻重”，驼背面前不说“忍辱负重”。对人家失意之事也应尽量避开不谈。比如，在高考落榜者面前少炫耀自己的大学生活，在久婚不育者面前少谈生儿育女事，在曾有偷窃行为者面前莫谈论《十五贯》中的娄阿鼠。

暴露自己的痛处，对任何人来说都不是一件愉快的事，所以和别人相处时，要小心翼翼地避开雷区，不要碰触他人“逆鳞”，不要提及他人自认为是弱点的地方，更不能用侮辱性语言攻击他人身体上的缺陷。

逆向思维会使问题简单化

一般来说，人们在思考问题的时候，都习惯于沿着事物发展的正方向去寻求解决办法。然而，对于某些问题，尤其是一些特殊问题，从结论往回推，倒过来思考，往往可以使问题简单化，解决起来会轻而易举，甚至会因此而有所发现。

其实，这种反向推导的方法就是一种思维方式，称为逆向思维，又叫求异思维，它是对司空见惯，似乎已成定论的事物或观点反过来进行的思考。由于这种方式“反其道而行”，不仅彰显了思考者的智慧与魄力，而且能够对问题进行深入的探索，有利于全面了解问题，从而解决问题。

事实上，这种思维方式在人际问题的处理上多有神来之笔，对我们消除人际关系上的困惑与矛盾有非常好的效果。逆向思维其实是激励法则中的一种常用技巧，比如当一个人要得到另一个人的理解时，我们常常提倡换位思考，而换位思考则是逆向思维中的一个重要方面。

在人际交往过程中，换位思考是表达理解的方法，也是赢得敬重的绝佳技巧。因为换位思考付出的是理解，对方得到了尊重，自然就会对你多一份信任，多一份感情。

换位思考在人际沟通上非常重要，因为不了解对方的立场、感受及想法，我们无法正确地思考与回应。但是许多人就缺乏这种换位思考的技巧。他们或是站在自己的位置上去“猜想”别人的想法及感受，或是站在“一般人”的立场上去想别人“应该”有什么想法和感受。

一个女职员有个3岁的男孩。一天，她的孩子生病了，她很着急，因为平常工作很忙，有时星期天还要加班，很少能照顾到孩子，她就去找主管，希望可以请假几天，回家照看孩子。

可是，那段时间正赶上公司事务繁忙，主管不同意，他对女职员说：“你孩子病的真不是时候。”本来一直耐心与主管解释的年轻母亲听完这句话后勃然大怒，立刻提出辞职。

换位思考时要有为他人着想的真诚，这样才能得到对方的尊重。就像上面的女职员，很显然，她最终辞职的原因不仅仅是为了照顾孩子，更主要的是因为那名主管根本不懂设身处地地为别人着想。在任何人际关系里，受欢迎的必定是善解人意的人，只有懂得理解人、关心人，能够设身处地为别人考虑，才能受到他人的欢迎，使问题很好地得到解决。

当然，无论如何，人际关系中总是会有矛盾的。当你的人际关系中出现了冲突的时候，又该如何化解呢？很多人习惯采取直截了当的方式去解决，然而，这样往往会让冲突变得严重起来，最终激化矛盾，不仅不利于问题的解决，而且也会伤了彼此的和气，破坏了良好的人际氛围。实际上，有的时候采取逆向思维的方法去解决矛盾往往能够收到奇效。

沙克是一名犹太老人，退休之后买下了一栋简陋的房子。由于地处学校附近，环境也算安静。刚住下的前几个星期，老人感觉还不错。然而不久，有 3 个年轻人开始在附近踢垃圾桶闹着玩。老人每天都在闹腾的噪音中郁闷不已，终于，有一天老人再也受不了了，于是找那些年轻人谈判。

“你们玩得真开心，”他说：“我喜欢看你们玩得高兴的样子，如果你们每天都来踢垃圾桶，我将每天给你们每人 1 块钱。”

3 个年轻人听了很高兴，就更加卖力地踢着垃圾桶。不料 3 天后，老人忧愁地说：“通货膨胀减少了我的收入，从明天起，只能给你们每人 5 毛钱了。”

年轻人显得不大开心，但还是接受了老人的条件，每天继续去踢垃圾桶。一周后，老人又对他们说：“孩子们，我最近没有收到养老金支票，对不起，每天只能给两毛了。”

“两毛钱!”一个年轻人脸色发青地说：“我们才不会为了区区两毛钱浪费宝贵的时间在这里表演呢，不干了!”

从此以后，老人又过上了安静的日子。

在上述故事中，如果沙克老人一上来就先给那三个孩子上品德教育课或者大骂一顿，只会撩拨起无知少年的顽皮心，说不定还会针对老人做出更糟糕的事情来。而沙克老人采取了“反其道而行之”的办法，可谓深通人的心理。

其实，在其他的人际冲突中，也可以采用逆向思维的方式，这对于解决问题、消除冲突、避免争端是有利的。

逆向思维是激励技巧的一个基本思维方法。有的时候通过反向推导，你就会发现对方需要什么，而通过换位思考，你就会知道别人讨厌什么。当你知道了对方需要什么和讨厌什么之后，你就能够找到满足他的需求和避免影响彼此关系的东西。

宽容待人才能成大事

自古以来，宽容是一种美德，更是一种化敌为友的社交策略。这种化敌对为合作的宽容策略往往是运用在处理内部矛盾或冲突上。虽然内部的矛盾或冲突没有根本的利害分歧，但是如果事情发展到敌对的程度，那么也就有了某种危机，如果处理不好，还会导致激化的危险。而拥有宽广的胸怀，能够大度地包容对手的人不仅能轻松的处理危机，更能拥有通达的人脉。

经过完璧归赵和渑池之会两次重大事件之后，蔺相如表现出了他强大的应变能力。赵王因为他的功劳大，就任命他做上卿，职位在廉颇之上。

廉颇很不服气地说："我当赵国的大将，有攻城野战的大功劳，可是蔺相如只凭着言辞立下功劳，如今职位却比我高。况且蔺相如出身卑贱，我不能忍受自己的职位在他之下的屈辱!"并且扬言说："我碰见蔺相如，一定要羞辱他。"蔺相如听见这话，为了避免与廉颇发生正面冲突，尽量不出门，索性称自己生病了，连朝也不上，不肯和廉颇见面，不愿和廉颇争高低。廉颇碰不到蔺相如，气自然也出不了。过了一些日子，蔺相如出门，廉颇远远望见蔺相如的车马，急忙命令随从驱车上前去羞辱他。蔺相如此时也发觉了，便连忙让自己的车子绕道躲开。这样的事发生了好几次，蔺相如的随从和佣人们觉得很丢面子。

于是他的门下客人都对蔺相如说："我们之所以离开家人前来投靠您，就是因为爱慕您的崇高品德啊。现在您和廉颇将军职位一样高，廉将军在外面讲您的坏话，您却害怕而躲避他，恐惧得那么厉害。连一个平常人也觉得羞愧，何况您还身为将相呢！我们实在不中用，请让我们告辞回家吧！”

蔺相如坚决挽留他们，说：“你们看廉将军和秦王哪个厉害？”门客回答说：“自然不如秦王。”蔺相如说：“像秦王那样威风，而我还敢在秦国的朝廷上叱责他，羞辱他的群臣。我虽然无能，难道单怕一个廉将军吗？我之所以避开廉将军，是因为我考虑到：强大的秦国之所以不敢发兵攻打我们赵国，只是因为有我们两人在。倘若我们不和，强秦就会乘虚而入。我怎能置国家大局不顾而去计较一己之愤呢？”

当这些话传到廉颇耳中之后，廉颇深感惭愧，便解衣赤背，背上荆条，由宾客引着到蔺相如府上谢罪，说：“我这鄙贱的人，不晓得将军宽厚到这个地步。”

两人终于和好，成为誓同生死的朋友。

以宽容之心对待对自己有敌意的人，其基本的指导思想是“和为贵”。宽容待人，以和为贵，是处理内部争斗、朋友之间的过节乃至家庭矛盾等问题的有效心理方略。要想做成大事，成就大业，就必须懂得这一心理策略。

做事要留有余地

遇事穷追不舍，于人于己都没有好处，聪明的人都会适当地考虑别人的想法，留下回旋的余地。

在生活交往中，许多人说话做事总是不给人留下余地，搞得对方很尴尬。其实想想如果你自己处在这种状况下会怎样。很显然，人一旦处于这种窘境，则不仅仅是气别人，也气自己，气自己无能、无力，甚至会怀疑自己生存的价值和意义，从而萌生很强烈的人生挫折感和失落感。那么，有过这种体验和经历的人就应当设身处地地为对方想一想，一旦自己通过努力证明自己比对方强，完全有能力收拾对方，那么就应当适可而止，别再以牙还牙，以毒报毒，把对方完全置于屈辱的地位，不然只会使对方蒙受如自己当初一样的打击与屈辱，从而为自己制造一个仇敌。

冤家宜解不宜结，问题解决了就要给对方一个台阶下，否则对方记了你的仇，将来还会给你气受。

在人际交往中，特别是求人的时候，如果受了气。不妨放开眼界，把立足点放在解决对策上而不是斗气上。

和人家斗气，一来未必能够斗得过，二来浪费了时间和精力，对于解决问题没有什么补益，因此换一种视角，换一套思路，另辟途径解决问题是最重要的。一旦问题解决了，受气的根源也自然消失了，这时候若还不解气，还让本已很尴尬的对方下不来台，那就太没有“心机”了。你应当想到，这一次人家阻挠了你，给你气受，也许下次你还要求人家，要是人家记了仇，你就可能会有更大的气要受。相反，如果你能够适当给他一个台阶下，他感怀你的宽容大量，下一次办事时也许就能给你帮上大忙。

在人际交往中注意不把事情做绝，甚至可以化敌为友。每个人受了气后都会产生一种报复心理。于是奋发向上，寻找时机。这是十分不可取的，因为说不定你哪天还会有更大的气受。相反，如果一个人在有了实力，或是抓住了对方的把柄，完全有能力收拾对方时，能够恰当地利用这种优势，以一种大度宽容的方式来对待对方，获得他的信任与感激，再进一步通过其他方式来增进彼此的感情，那么就不但排除了树敌的可能性，而且还可能会增添一个可以信赖的朋友。

总之，在交往中一定要懂得给别人留余地的心理策略，留余地就是留面子、给台阶，避免人际矛盾或人际冲突的最好方法，也是化敌为友、拥有好人缘的做人智慧。

第八章

爱情保鲜的技巧

生活中，我们经常听到有人说："时间是爱情的隐形杀手。"意思就是说我们的爱情在年复一年的日子中会慢慢消失的。那么怎样才能让我们的爱情更加甜蜜，婚姻愈久弥新呢？要想让爱情持久保鲜，就要学会许多技巧，比如要学会欣赏，要保持距离等等。

对自己的爱人要学会欣赏

欣赏是一种心态。更是一种交际策略，欣赏别人，不仅能给人以抚慰、温馨，还能给人以鞭策，使人的潜能被充分地潜发出来。会欣赏他人的人会赢得更多人的信任与支持。与他人交往如此，夫妻之间更是这样。夫妻之间如果能够相互欣赏，那么自己的另一半就会成为他眼中的一道美丽风景。

早在唐代，诗人们就有“在天愿作比翼鸟，在地愿为连理枝”的美好寄托，夫妻恩爱已经在众人思维里成为定式，夫妻当然应该恩爱，然而，夫妻怎样才能做到恩爱呢?

传说，宋代大文豪苏东坡的妹妹苏小妹，生得清雅秀丽，全无俗韵，聪明绝世，而当时同样是宋代大文人的秦观钟情于这位女才子，郎才女貌成就了一番姻缘。新婚之夜，秦观正要喜入洞房，却被小妹拒之门外。小妹隔门连出了几道难题，要秦观应答，并要求何时答对了，才准进入洞房。秦观虽然才思敏捷，也直到谯楼三鼓，才把小妹的难题全部答出，获准进入香房。婚后秦观两口子诗来词去，夫唱妇和，相互欣赏，情深意长。最后小妹先秦观而死，秦观思念不已，终身不再复娶。这段佳话被后人写成醒世之言，就是有名的“苏小妹三难新郎”。

老百姓喜欢夫妻恩爱的典故，而夫妻恩爱之道已经化作民间不成文的规定从而流芳百世。为夫为妻，或贫或富，都要相互欣赏。只有欣赏得深才会恩爱得深，而恩爱越深，相互欣赏的东西也就会越来越多。欣赏应是多方面的，或禀性温柔，或相知相悦，或勤劳朴实，或幽默风趣……欣赏对方，不一定就是欣赏对方的才貌，因为才能有高有低，美貌也终会消逝。只要善于挖掘出对方的优点，夫妻之间就能相互欣赏。当然，无论是夫或妻，都需要注意自身的修养，使自己“有料”吸引对方。

爱一个人，不能只爱他（她）的优点，却容不得对方半点瑕疵。我们欣赏维纳斯女神的高贵典雅，又包容了她的断臂，艺术品尚且如此，何况活生生的人。有些细微的缺点反而能衬托出优点的真实。俗话说“金无足赤，人无完人。”你的丈夫既然不是完人，何必一定要他做得那么完美呢？

夫妻欣赏又是相互的，只有一方欣赏一方，另一方却无动于衷，夫妻恩爱又从何谈起呢？即使没有发生婚变那恐怕也是一种消极被动的维系。

一日两个人相约外出打猎，傍晚各自猎获一只兔子，他们高高兴兴地回到家。第一个人的妻子夸奖自己的丈夫能干，连飞奔的兔子都能命中，丈夫听后心情愉悦；第二个人的妻子责备丈夫无能，一天只打中一只兔子，丈夫听后非常愤怒。第二天，受到表扬的丈夫想，今天我一定多打几只兔子给妻子带回家；受到指责的丈夫则想，我今天找一个舒适的地方躺上一天，然后空手回去，让她明白兔子也不是好打的。结果他们一人收获多多，一人一无所获。

不同的语言可以导致不同的结果。多数妻子在面对丈夫时，不自觉地扮演了故事中第二个妻子的角色，情况自然不会好。好妻子应该考虑到丈夫的心态，不管结果如何，他的初衷是好的，都应该得到你的赞赏。

如果对丈夫的每一分努力都表示出由衷的欣赏，你的丈夫一定会是个自信的、对生活充满热情的丈夫。你们的生活也会有很多意想不到的事情发生，从而拥有更多的快乐。学会欣赏自己的爱人，和谐地与爱人相处，这也是心理学中“赞美定律”的应用，更是博得爱人欢心的一种心理策略。

给足自己爱人面子

女人对男人的崇拜，可以激发男人的力量和勇气。特别是男人在和朋友面前吹嘘自己的时候，一定别忘了脸上应流露出崇拜的神情，即使他说的话题很令人反感，很不入耳，但是也不能在脸上显现厌恶表情，此时最主要的是给足男人面子。

男人总是将女人的崇拜和爱情连在一起。女人的崇拜，能够激出男人的爱火和欲火。满足男人的英雄感，无论男人得意或失意时，男人都需要一个女人矢志不渝地称赞他。男人最无法容忍的是他的女人不再崇拜他或他的女人崇拜另一个男人。

事业成功的男人在外面收获了尊严，但他心里非常清楚，许多人的赞扬带有伪装，本质上很有目的性，只有在妻子面前，得到的尊重才是最真实、最可信、最朴实的。所以，男人的内心里非常渴望妻子的崇拜，但由于男人又重视面子，不好意思说出来。所以，当妻子面对丈夫的挑剔和指责的时候，多包容他、理解他，把这种挑剔当成信任，甚至可以当成想在自己面前撒娇。

即使是事业失败的男人，也希望有女人崇拜他，希望女人给他足够的信赖和欣赏，只有如此，他才不会对自己完全否定，他才会重新树立信心，走向成功的彼岸。要知道，妻子的言行会在很大程度上影响丈夫的锐气和信心。那种一味地贬低男人尤其是自己丈夫的女人，其实并不会得到什么好处，除了会造成夫妻关系紧张之外，甚至还有可能导致丈夫的消沉、自暴自弃，那更是家庭的灾难。

当一个男人觉得身边的女人处处不如自己的时候，他就会很有成就感，就会觉得这个女人正被自己的无所不晓而征服。谁都知道男人是喜欢征服女人的。所以，当他说世界上只有两种人时，你千万不要说有三种；当他说英国的首都是纽约时，你千万不要说是伦敦，你要无比崇拜地说："啊，你知道得真多！这个……我不太清楚。"电脑的系统坏了，你让他去修，哪怕他不会，而你却熟能生巧，你也不要去修，你得把那些你能轻易做成的事，多交给他一点，并适时地说："老公，你真行！我怎么就不会呢?"

在每个家庭中，每个男人都希望得到自己妻子的崇拜，在这种崇拜下，男人自尊心会得到强烈满足，这是世上任何东西都比不上的。得到心爱女人的崇拜，就会更加自信，更加精神焕发，更加努力奋斗。反过来也会给女人带来意想不到的回报。因此，掌握好男人的这种心理，你的爱情和婚姻，就会在这个过程中得到升华。

夫妻双方要有所保留

夫妻之间原本可以无话不说，但如果事事都很透明则大可不必。生活中谁没有一些属于自己的小秘密呢?它的存在不会影响到夫妻之间的感情，相反，如果把它坦诚地说出来，对方则会有一种"对方对自己不忠，对婚姻不忠"的错觉。因此，夫妻之间并非一定要无话不说，也要有所保留。

在夫妻之间永远都隔离着一张透明的纸，这样夫妻之间会觉得彼此之间有一种朦胧新鲜的感觉，这样会增加夫妻之间的感情，彼此感觉对方对自己是那么的信任和尊重。如果夫妻之间捅破了那张薄纸，个人的性格和脾气完全暴露在对方的视线之下，这样就很容易因为无聊的小事而发生冲突，没有了对方的隐私，也就没有了相互的信任，往往因为误会而发生摩擦，甚至破坏了家庭的安定团结，最后走向解体的边缘。

张明在某大学读书时与同学小梅产生了爱情。毕业后，终因两地分居割断了他们的爱情线。张明为此曾大病了一场。两年多后，年过30的张明经亲友介绍认识了兰兰，匆匆地举行了婚礼，于是，那段大学的恋情成了张明的“情感隐私”，被埋在了心底。

但就在他们新婚的第二天，当张明准备陪同兰兰回娘家之时，邮递员送来了一封信。信是张明的一个同学写来的。她告诉张明：“最近，我见到了小梅，她现在醒悟到距离对于爱情来说是多么微不足道。两年多来，她一直思念着你，她发现，你在她心中的地位，是谁也不能取代的。这几天她要出差到你所在的城市，可能会直接去找你，希望你们能和好如初……”

顿时，张明的眼睛模糊了，眼前的兰兰恍惚变成了小梅。他找了个借口。让兰兰独自回娘家，全然不顾此举会给他们的新婚带来什么后遗症。这天，兰兰提前从娘家回来，发现丈夫酩酊大醉地倒在床上，枕边搁着一封信。看了信，她无声地哭了。去谴责张明，和他大闹一场？若替张明设身处地地想一想，她能理解他的懊悔和痛苦，如果当初他锲而不舍地追求，何至于造成今天的痛楚？而现在，张明既负有对这个新家庭不可推卸的义务和责任，又对远方的小梅怀有至死不泯的爱。那么，该诅咒小梅吗？她可是不知道张明的近况呀，作为女人，兰兰更能体谅小梅的苦衷。于是，兰兰把信放回原处，替丈夫盖好被子，默默地在他身边坐了好久，好久……

知道了丈夫的“情感隐私”后，兰兰更加温柔体贴，关心张明，从不当面揭穿张明的“秘密”。几天后，当兰兰上完夜班回家不久，小梅上门来了，兰兰热情地接待她，备好一桌丰盛的午餐招待小梅。饭后，她又借口要去上班离开家，好让这对旧日恋人有机会好好谈谈。

望着妻子疲倦的面容，张明的心深深地感动了，他明白妻子的一片心意。想起兰兰的离家出走而故意给他们腾出时间，小梅的内心感动了，她真诚而又感慨地对张明说："你有一个多好的妻子呀，你应该知足了！"

人们大都有隐私心理，有自己不为人知的秘密与情感。面对他人的隐私，知情人理智的做法就是保密与尊重。兰兰尊重丈夫的"情感隐私"，不但没使他们的夫妻感情破裂，反而使张明进一步了解了她，萌发了对她真正的爱。这件事，沟通了他们的相互理解的心灵，使他们的感情得到进一步升华。

有一位中年男子曾说，他的婚姻中有一段永远的痛。他说："十多年前，我从郑州坐火车到深圳，一位妙龄女子正好坐在我身边。因为旅途较闷，我们不知不觉地交谈起来。后来我回到东莞后，她也不时打电话给我，我们一直以兄妹相称，我也真把她当成了我的小妹妹。于是我们就这样交往着，既不是一般朋友，也没有过多地超越朋友的界线。我们从来不敢越雷池半步。

但在一天晚上，妻子对我说，她读大学时有许多人追求她，而她还是觉得我最好。我被妻子的真诚所感动，又因为心中对妻子有歉意，便忍不住将我和那个女孩交往的事情告诉了妻子。哪知，妻子听后脸色大变，当晚，就要求我一定要约那女孩出来见面。而我也自认我与她没什么见不得人的事情，于是便把她叫了过来。当晚的情形甭提有多尴尬，那女孩泪水纷飞，委屈至极，她不知我已结婚，也不知出了什么事。而我的妻子更是咆雷闪电，要生要死地非要和我离婚。这时我才知道有时坦诚换来的并不是好结果，但为时已晚。后来，好不容易劝住了妻子，我亦信守诺言，不再与那个女孩联系……可这件事却成为我一生的把柄，任妻子随时拿出来鞭打我的灵魂，让婚姻留下了永远的痛……"

曾听过一句话：隔着玻璃看，朦胧便是美，看得太清楚，连瑕疵都看到了就不美了。这句话又何尝不适用于夫妻之间呢？适当保持点隐私，让大家不要了解得太多，这样彼此对对方都是一种利大于弊的事，何乐而不为呢？

列夫·托尔斯泰曾经说过："过分了解或者过分不了解，同样妨碍彼此的接近。"这句话用在爱情上非常合适。这也是爱人之间交往必须要懂得的心理学。把握好可知与不可知的度，就能把握住婚姻幸福的船舵。

适当的距离能使爱情保鲜

美是依靠距离来塑造的。"一日不见，如隔三秋"，时间的距离会培育美的感觉。"小别胜新婚"也说明适当的距离会使夫妻间感情更加美好。如果夫妻天天在一起，那么他们之间就会因为各自没有留给对方和自己独自的距离，而产生一些不愉快的事情。所以，我们都应该互相留下适当的距离，这样才会使我们的爱情更加牢固，也会留下美好的想念。

有不少人提问：爱情是否就需要朝夕相守、亲密无间？其实，这是一个仁者见仁、智者见智的问题，不过，现实中很多人确实有这样一种感觉，"芝兰之室，久而不闻其香"，人世间再美好的事物，习以为常了，不但不觉得美好，有时反而会生出厌倦和反感来。

有一句这样的话："在恋爱中的人看不清彼此的相貌。这句话确有一定的道理，恋人之间即便是最琐碎的最细微的东西都会给对方很多的遐想并会使之大放光彩。因为什么呢？因为他们还不曾彼此靠近。

年轻人在热恋之中，会被对方强烈的吸引，哪怕是一个小小的动作也能激发对方超常的激情，她说过的每一句话、每一次微笑、每一个眼神，甚至走过的每一条小路似乎都与她有着千丝万缕的联系，使得痴迷的你有着如梦如幻的情意缠绵和无限的畅想。当他们遥遥相望时，一切的一切都那么的美好，那么的令人陶醉。

可是，当激情过后，两个人真正地走近了彼此，这种美好就会一天天一点点离他们远去，最后竟不知去了哪里。是他们之间没有爱了吗？

其实，爱本身没有变，变的只是一个人的心情。在恋人之间，留出一点“情感空间”，允许对方在心灵的深处有一片属于自己的领地。所以，为了你和他的爱地久天长，请保留一点不为人知的“真实’，请保持一定的距离。

每个人都需要一个小小的空间，让自己自由地思想，自在地呼吸。热恋时的亲密无间虽然会带来激情，但激情过后却往往是疲倦，是难耐的窒息。久而久之，浪漫逐渐被太真实的现实所替代，无怪乎很多人都说真正的爱情只能够维持18个月，这并不是人类本性的背叛，实在是我们每一个人都需要一个自由自在的空间来无拘无束地释放自己。

距离产生美。爱人如此，朋友如此，其他人际关系也如此。所以恋人之间互相尊重，保持一定距离，乃至故意营造一点朦胧色彩，是非常必要的。即使是亲近的人之间，也需要适当地保持距离。

一位厨师长告诉他手下的厨师们一个秘密，一个菜，份量应该不多不少，少了客人意见大，下回不来了；多了呢，成本高，更要命的是，再好的菜，吃多了也会腻，厨师的金字招牌就这么不明不白地砸了，多少才合适？应该是在客人意犹未尽的时候，盘子光了，这样，下回人家还点这个菜。

这个小故事用于爱情也同样合适。不即不离，若即若离，不远不近，恰到好处。这样既可以避免摩擦，又可以给彼此以安全感。

爱情的距离其实并不一定是物理上的距离，更多的是心理上的距离。

保持心理距离就是让双方保持各自个性上的闪光点。让双方各自保留心中的一块自由活动绿地，不要时时刻刻亲密无间一览无余，而要让对方有独立的人格、独特的个性和适度自由的生活圈。

哲人说过，很多事物之所以美丽，是因为我们与之存在着适当的距离。比如，去动物园看老虎，如果贴得太近、太亲密了，就会很恐怖、很危险，老虎的爪子会抓伤你。如果后退几步，隔着笼子再看老虎，你就会感到老虎是威武雄壮、色彩斑斓、富有阳刚之气的“兽中之王”。再如，在高山上观赏风光，你会生出“江山如此多娇”的慨叹和赞美；而一旦靠得太近，你就会被一叶障目、不见天日了。

爱情之于距离，就如火之于风。若他们的爱情如熊熊大火，那么风越吹，火就会烧的越猛烈；若他们的爱情如微弱火苗，那么风越吹，火就会越小，火光就会熄灭、消失。

当然，保持距离要把握好火候，火大了就烫到了，火小了就没有任何的效果，那又何必拉开距离？把握好彼此之间的距离，对于双方的感情都是一个促进，告诉他更生气的事，谁又愿意去多此一举呢？

恋爱中不能言听计从

恋爱中，恋人的意见并不能都接受，所说的话也不能都言听计从。但拒绝一定要有策略，要懂得“说不”的心理智慧。

你可以含糊其辞地把“不”字说出来。含糊其辞在恋爱中意义非凡。比如，女朋友穿一条裙子，自觉漂亮，在你面前得意地转了一圈后问你：“美吗？”你不仅不认为美，还觉得有点难看，于是你含糊其辞地回答：

“还好！”只要对方是稍有灵气的女孩，便能体会这句话的真正含义。

你的女友希望你给她买件像样的衣服，于是暗示你：“瞧，人家的衣服多漂亮，是男友送的。”但你觉得本季节她的衣服已经够多了，说不，女友会觉得你很小气，怎么拒绝呢？你可以这么说：“的确美，不过我赞赏苏格拉底的一句话，‘女性的纯正饰物是美德，不是服装’。”此话的表面并未拒绝，但对方绝不会认为你是同意了，问题在不了了之中解决，谁也不会感到难为情。像这种恋人的要求，你不赞同也不接受，在你的拒绝中不能有否定词，但对方能辨出弦外之音，彼此都不会觉得难堪了。

你过生日，男友送你一套衣服，你不喜欢，艳了些。他问：“喜欢吗？”你若直截了当地回答：“不喜欢，花里胡哨的，像什么样！”精心挑选过的他此时一定会觉得很伤心。如果你说：“要是素雅些就更好了，我比较喜欢浅色的！”这话的表面意思仿佛是你买的也好，不过若素雅些就更好了。但表面肯定的背后是一句否定的意思，只不过说得委婉一些罢了。

通过开玩笑的方式来否定，既可以达到目的，又不至于双方尴尬，是一种很好的否定技巧。譬如，你男朋友邀请你“上门”，你觉得时机尚未成熟，不可盲目造访，这时你可问：“有什么好吃的吗？”你的男友会列出几样东西来，于是你可接着说：“没好吃的，我不去。”这是巧妙的玩笑，不仅拒绝了对方的请求，还可避免回答“为什么不去”，真可谓一箭双雕。

恋爱中，有没有需要否定和拒绝对方的大事呢？当然有。男女青年从恋爱到结婚，是一个从相识、相知到相爱的过程。在这个过程中，男女双方将经历感情基础、道德情操、品行修养、知识才能、气质性格等方面的碰撞、摩擦以及考验、观察、修正，直至融合、升华。俗话说“近朱者赤，近墨者黑”。恋爱双方加强道德行为的修养与互补，用高尚、纯洁、质朴的道德行为品格影响和感化对方，进而并肩前进、共同进步，这对今后婚姻生活中的旦夕祸福影响颇大。然而，某些恋爱中的姑娘，抑或因为私欲，抑或因为私心，抑或因为私仇，常向男友提出一些非分要求。因为恋爱中女方常居主导的有利的地位，这些不当要求一旦提出，男方往往难以招架，那么此刻的小伙子应该怎么办呢？

恋爱中，小伙子多多满足女友的要求是常情常理。应该说，小伙子对女友的刻意追求，是促成婚姻成功的“催化剂”。然而，如果有时女友向小伙子提出违犯法律的非分要求，小伙子倘若不仅不加制止，反而言听计从，那就很有可能双双走上犯罪的道路。反之，若是小伙子能够把握好法律和道德的行为准绳，摆正自己的人生坐标，当女友提出非分要求时，予以制止或拒绝、劝阻，往往能避免悲剧的上演。

有这样一对恋人，小伙子是档案员，姑娘是一家公司的职员。姑娘长得俊逸秀美，小伙子对她频频追求。平时，小伙子对女友提出的一些要求，都是百依百顺，因此，颇得女友欢心。一天，女友跟小伙子说，她的一个堂叔曾有过违纪行为，在档案里有记载，她要求小伙子把档案中的处分偷偷拿出。面对女友的这一非分要求，平时百依百顺的小伙踌躇了。因为，档案管理人员这样做是违法的，小伙子不是不知道其中的分量。小伙子考虑良久，终于向女友挑明利害、婉言拒绝。这下，女友生气了，一连两个月对小伙子不理不睬。然而，小伙子一如既往地去找她，照样刻意追求她。最终女友的情感战胜了邪念。她想，男友平时对自己百依百顺，而在大是大非面前却坚持原则，不做违法的事，说明他是个有头脑的人；再则，自己生气后不理他，他始终如一地追求自己，又说明他是个很重感情的人。从此，姑娘非但没跟男友“吹”，反而更爱男友。

为了增强感情，小伙子投女友之所好是必要的。但是，在道德、法纪面前，不讲原则，对女友提出的某些非分要求一味投其所好，却是危险的。而坚持正确的法制观、道德观、人生观来处理女友提出的某些非分要求，虽然一时双方的情感世界会布上阴云，但是，阴云散去，却是阳光明媚。

有一位姑娘，跟邻居为生活琐事产生矛盾而持有成见。后来，她交的男友是一位武术队教练，武艺高强。于是，姑娘便唆使男友在邻居上夜班的必经之地守候伏击，替其出气。当时，小伙子左右为难，倘若不投女友之好，就有可能发生感情危机；如果依了女友，这是一种流氓斗殴行为，后果严重。思虑再三，小伙子断然拒绝了女友的非分要求。这下，女友真的翻脸了，拒绝跟小伙子来往。然而，小伙子却在别的方面一再投其所好，奉承女友。姑娘爱吃葡萄，他专买粒大味甜的端到其面前；姑娘爱听越剧，他买了磁带送去……在小伙子的真诚感化下，姑娘的态度有了好转。此时，小伙子又抓住时机，趁热打铁，给女友讲清斗殴伤人可能带来的严重恶果，并诱导地问道："你难道喜欢你的男友进拘留所吗?"这时，姑娘笑了，一场情感危机终于"化险为夷"。

由此可见，在"相爱"的基础之上，小伙子以法律和道德为准绳拒绝女友的非分要求，只要做到坚持原则而又不失爱心，不仅可扭转女友的一念之差，反而更能得到姑娘的欢心。当然，我们不能排除有些姑娘因私心、私情、私欲而执迷不悟的情况，在这种时候，小伙子也完全不必一味迁就，因为一个置法律、道德于不顾的人不值得去爱。

与恋人交往，不仅要把握好交往的"度"，还要把握好自己的原则，如果自己没有了主见，时时处处都听从恋人的指挥和安排，有时不仅会酿成大错，时间长了还会让恋人产生"你是个没主见的人"心理，因此，恋爱中一定要懂得一些拒绝的心理战术，既不做错事又让恋人更加喜欢你。

第九章

友情融洽的方法

"在家靠父母，出门靠朋友"，好朋友是人生征途中栖息的长亭，也是狂风暴雨中避风的港湾。拥有一份融洽的友情是每个人的心愿，那么，怎样才能让我们的友情一直处在一个融洽当中呢？这就需要我们细心呵护，用心经营，还要多多保持联系，不断进行心灵的沟通，当然更重要的是要真诚相待。

莫让金钱把友情伤害

俗话说得好，“交义不交财，交财两不来；要想朋友好，银钱少打扰”。把友谊建立在金钱的基础上，就好比把大楼盖在沙滩上，这种友谊是不牢靠的，认真来说，这样的友谊不是真友谊，而是假友谊。友谊的基础是想法、兴趣爱好上的一致和事业理想上的共同追求。这些都与金钱没有多大关系。如果在朋友交往中，在经济上长期不分你我，有饭大家吃，有钱大家花，那么，必然带来许多不良的影响。

首先，金钱会使友谊变质，使纯洁的友谊蒙上金钱拜金主义和物质至上主义的灰尘。天长日久，彼此之间的平等关系会变成经济上的依附关系。

其次，由于物质至上观念的侵入，朋友之间平等的关系还会被金钱交换关系所代替。这时，被金钱腐蚀了的“友谊”就可能变成掩盖错误甚至包庇违法犯罪行为的“保护伞”；经济上的不分你我，就会演变成不讲原则，不分是非。

最后，因为受金钱腐蚀，“以财交友，财尽则交绝”，最终会使友谊不复存在。但是朋友之间，免不了要牵涉到经济问题。

比如，请客吃饭。这是一个礼尚往来的事情，朋友之间为了增进友谊，加深了解，一起吃吃饭，娱乐娱乐都是很正常的。甚至一起出去旅游，尤其年轻人喜欢结伴旅游。这种情况下，一定要表现得大方一点，因为没有人愿意同小气的朋友来往，你算计我，我算计你，这种友谊是长久不了的。当然，现在都很时兴 AA 制，亲兄弟明算账，这样最能获得大家的认可，但要注意的是，有些人不喜欢AA制，觉得这样疏远了感情，那么就要事先沟通好，要将AA制的形式提前提出来，然后获得大家的一致认可后再执行。

再比如，人情礼。曾经有媒体反映，中国家庭的一个月的人情礼钱要高出平均收入，这在外国人看来是不可思议的，也许这就代表了“礼仪之邦”的特点吧，遇到红白喜事，作为朋友、亲戚、同事，都要表表心意，尤其是朋友，随着关系的远近及轻重有别。

送礼一定要把握好这个度。首先是不能超出自己的经济承受水平，量入为出；其次要考虑到对方的经济条件，因为中国人都知道这些人情礼都是要“还”的，千万不要因为送礼让自己和朋友背上了包袱，那样对友谊也是一个暗伤。

另外，借钱的问题向来是很敏感的。朋友之间，往往是一方不好意思开口，另一方呢，不好意思拒绝。处理这个问题，作为借钱的一方，开口前要想到，能否想出别的办法，向银行贷款什么的；对方的实力如何，借钱给自己是否有难处；自己的偿还能力怎么样，可以向对方承诺多长时间内一定还清（承诺了就一定要兑现，否则就没有下次的机会了）。而借钱出去的朋友，一旦朋友开了口，碍于面子又不好拒绝，而除非真的是大款，否则在自己的能力范围之内借钱给别人还真是比较为难，那么，你就应该想好了：首先这个朋友是不是有信用，再好的朋友也应该有道德约束，品质不好的人本身就不值得你为借不借钱给他而发愁；然后是自己的实力，是否真有这样一笔闲钱，还是要从自己的开支中省出，如果是省出来的钱借给别人，就要问问自己愿不愿意，还要考虑家人的感受；还有，考虑对方的还钱能力是无可厚非的，自己辛辛苦苦挣来的钱要花在刀刃上，有去无回的借钱是绝对不能忍受的。如果朋友已经犯过一次这样的错误，绝对不要再给他第二次骗你的机会，借钱不还的人终归是没有信用，不值得一交的朋友。

交朋友是每个人的愿意，谁都想拥有几个至交，交朋友固然没错，但一定要认识什么才是真朋友。所谓朋友，不但在政治上有共同的理想，在事业上有共同的追求，在生活中有基本一致的趣味，而且在经济上应该互相帮助。朋友之间，礼尚往来，互赠一些物品，或者在适当的时候一起吃饭喝酒等，也是情理之中的事。但是，切不可有“因为是好朋友，在经济上就可以不分你我”的想法。这种想法无法让你结交真正的朋友。

当然，朋友之间难免会有一些经济上的往来，那么，朋友之间，如何正确对待和处理经济上的关系呢？应该肯定，朋友之间经济上的帮助是应该的，也是无私的，不图对方报偿的。但这只是事情的一个方面，另一个方面，应该明白，帮助从来是互相的，即使被帮助的一方无力对等地给朋友以相应的帮助，但也要心中有数，记住“来而不往非礼也”的古训，当有机会对朋友的帮助进行报答时，一定要及时，使这种物质上的来往大体保持平衡。这也叫人际交往中的心理平衡法则。

当在朋友之间已经或正在产生较大的经济利益关系时，则不要忘记“好朋友还须明算账”，采取适当的方法，互相尊重对方的权益，商妥处理相互经济利益关系的原则和方法，把权利、义务关系弄清楚。这样做，看来无情，实则有义，“买是买，送是送”，可以避免许多无益而有害的纠纷，使友谊更加牢固。

总之，朋友之间有正常的经济上的往来是在所难免的，但一定要讲原则，懂得朋友交往之间的“金钱担忧心理”。如果金钱成了朋友之间“吐不出来又咽不下去”的“难言之隐”时，那么友谊则面临着严峻的考验了。“交义不交财”，莫让金钱把友情伤害！

不要过分控制依赖朋友

都说朋友交往要平等，其实任何方面的平等都是相对的，现实生活中，朋友之间也不存在绝对的平等，有着某种意义的控制和依赖，这些也许只是一种习惯。但它极有可能影响着你与朋友的关系。如果你摆出控制者或依赖者的架势。你就不可能体会友谊的真正含义，你也不可能拥有真正的朋友。

善于交际的人都知道，友谊是健全的，但健全的和不健全的友谊之间有一条几乎模糊不清的界限。有些人与朋友的关系恶化、令人失望或令人非常不满，就是因为他们往往难以区分健全的和非健全的友谊。

过分的依赖会损害你和朋友的关系，而且是双方的。朋友并非父母，他们没有法定责任来指导和保护你，他们可以给你支持，但不可能包办代替，你必须清楚，这只不过是朋友的范畴而已。

如果你事事游移不定，老是向朋友询问，就会使你受到朋友正确或错误的意见影响。为此，你应该立刻决定，尽可能地摆脱对朋友的依赖。

有的人恰恰相反，他们盛气凌人，在与朋友的交往中，总喜欢指手画脚，不管朋友的想法如何都要求朋友按照自己的意愿去做。这种做法无异为友谊的发展埋下了不祥的种子。

朋友之间的交往不可超越本分，更不可过分依赖，否则你将无法获得真正的友谊。

可以说朋友是五伦之一，在事业上也是很重要的一环。《说文》中就说得很明白："朋友，就是感情的象征。志同道合的就可以结为朋友"。朋友是平等关系，切不可把自己的意志强加于他人。

卡罗琳，是一位有三个孩子的年轻母亲，她有这样一个女“主人”式的朋友。新搬进这一居民区，卡罗琳急于找朋友。这时，莉拉进入了她的生活，像只母鸡似的把卡罗琳呵护在翅膀下。不久后，卡罗琳发现，莉拉不仅是只母鸡，还是个大王，她是位社会团体的总裁，整个团体是由她的朋友和她们的丈夫们组成的。

“起初我挺喜欢她，”卡罗琳说，“我是她的特别好友，她要我干啥，我就干啥。有时我感到似乎受她的压制，但我不知该怎么办，因为我的确喜欢她，希望与她保持朋友关系。但我逐步不喜欢总是听从她了。”

卡罗琳意识到，如果她真想与莉拉或任何人交朋友的话，就应该学会与朋友平等相处，有往有来，互相帮助，也就是说要弄清自己必须干什么，并把它付诸实施。

如果你想对朋友说，“你应该”、“你不应该”、“你最好”、“你必须”，那么你无疑是想控制朋友的生活，这种做法，会使朋友感到很不愉快，有压抑感。

如果你是被控制者，不要认为有人为你操心一切是再好不过的了。控制你的朋友不是知心的朋友。过分依赖别人，只会使自己变得懒惰，懒于行动，懒于思考，最后也会连朋友都会产生厌烦心理，你也会为此付出惨重的代价。而一旦你把自己从他的“统治”下解放出来，就会出现奇迹，你和朋友就会变得平等。

晴天留人情，雨天好借伞

俗话说“在家靠父母，出门靠朋友”，多一个朋友多一条路，人情就是财富。人际关系一个最基本的目的就是结人情，有人缘。要像爱好金钱一样喜欢情意，方能左右逢源。求人帮忙是被动的，可如果别人欠了你的人情，求别人办事自然会很容易，有时甚至不用自己开口。

达尔的父亲有一家衣帽店，因为他为人热忱，而且店里的东西物美价廉，所以他的生意做的是相当的红火。在一个下雨天的晚上，在衣帽店即将打烊的时候，门外走来了一位面黄肌瘦、衣衫褴褛的年轻人，看他的样子好像是已经饿了好几天了。虽然达尔的父亲不在，但是深受父亲行为熏陶的达尔并没有做出不礼貌的举动，仍然热情地将他迎进了屋里，询问有什么可以帮助的地方。

小伙子显得有些腼腆，说自己是来自加拿大，这次到这边来是想寻找一个好出路，不料盘缠用完了也没有实现自己的梦想，只能沦落街头。他还告诉达尔，自己的父亲两年前也来过这家店，还购买了一顶帽子，说着就把头上的帽子递了过来。他说的没错，事情确实是这个样子的，虽然帽子上的标志有些污损了，但是从做工上还是能够辨认得出来的。

这个时候，达尔不免有些犹豫，他在想自己到底要不要帮助这个陌生的年轻人，毕竟他只是一位顾客的儿子。不过再三考虑之后，达尔还是决定帮助这个落难的年轻人。他为年轻人准备了丰盛的晚餐，还给了他足够的路费让他回家。达尔的父亲回来之后得知自己儿子的做法之后，觉得非常满意。

父亲去世之后，达尔接管了这家衣帽店。十几年过去了，达尔的生意是越来越好，美国许多地方都有了分店，这个时候，他决定向国外发展。然而这事说起来容易，实际上做起来却很难，为此达尔一直很伤脑筋。

就在这个时候，达尔收到一封来自加拿大的信，给他写信的正是当年那位他曾经帮助过的年轻人。现在那个年轻人已经是加拿大一家大公司的总经理了。他在信中感谢了达尔在他困难时期的大力帮助，并且邀请达尔共同创业。这个消息让达尔喜出望外，他赶紧回了一封信，表示愿意合作。不久，在对方的帮助下，达尔很快就在加拿大建立了国外第一家分店。

要知道，对于一个身陷困境的穷人，一枚铜板的帮助可能会使他解决极度的饥饿和困苦，或许还能干出一番事业，闯出自己广阔的天下；对于一个执迷不悟的浪子，一次促膝交心的帮助可能会使他重新建立做人的尊严和自信，或许在悬崖勒马之后奔驰于希望的原野上，成为一名真正的勇士。

在平常的日子里，对正直的举动送去一个支持的眼神，这一个眼神无形中可能就是正义强大的动力。对新颖的见解报以一阵赞同的掌声，这一阵掌声无意中可能就是对革新思想的巨大支持。

对一个陌生人很随意的一次帮助，可能也会使那个陌生人突然悟到善良的难得和真情的可贵。说不定他看到有人遇到难处时，会很快从自己曾经被人帮助的经历中汲取勇气和仁慈。

其实，人在旅途，既需要别人的帮助，又需要帮助别人。从这个意义上说，帮人就是积善积德。也许没有比帮助这一善举更能体现一个人宽广的胸怀和慷慨的气度的了。不要小看对一个失意的人说一句暖心的话，对一个将要跌倒的人轻轻扶一把，对一个无望的人赋予一次真挚的信任。也许自己什么都没失去，而对一个需要帮助的人来说，也许就是醒悟、就是支持、就是宽慰。相反，不肯帮助人，总是太看重自己丝丝缕缕的得失，这样的人目光中不免闪烁着麻木的神色，心中也会不时地泛起一些阴暗的沉渣。别人的困难，他可当做自己得意的资本；别人的失败，他可化作安慰自己的笑料；别人伸出求援的手，他会冷冷地推开；别人痛苦地呻吟，他却无动于衷；至于路见不平，更不会拔刀相助；就是见死不救，也许他还会有十足的理由。自私，使这种人吝啬到了连微弱的同情和丝毫的给予都拿不出来。

生活中经常有这样的人，帮了别人的忙，就觉得有恩于人，于是心怀一种优越感，高高在上，不可一世。这种态度是很危险的，常常会引发反面的后果，也就是：帮了别人的忙，却没有增加自己人情账户的收入，正是因为这种骄傲的态度，把这笔账抵消了。

也有一部分人抱着“有事有人，无事无人”的态度，把朋友当做受伤后的拐杖，复原后就扔掉。一个没有人情味的人，是永远玩不了“施恩”这看似简单实则微妙的人情关系术的。人们在一起共事时，大家同舟共济，共同的命运把彼此联系在一起，只要采取合作态度，互相支持、互相帮助、互相关照，是最容易产生感情认同的。特别是在困难环境中，彼此相依为命、共渡难关。情谊深厚，可能终生难忘，交情将更为牢固。比如，当年不少知识青年从城里到乡下插队，几年中大家一个锅里吃、一个炕上睡，哪一个人受了欺负，大家一起为他鸣不平，如此心心相印的共同言行，必然转化为深厚的感情，铭刻在各自的记忆中，不管日后分散天南海北，做了什么工作，谁也不会忘记这段交情。

对身处困境中的人仅仅有同情之心是不够的，应给予具体的帮助，使其渡过难关，这种雪中送炭、分忧解难的行为最易引起对方的感激之情，进而形成友情。比如，一个农民做生意赔了本，他向几位朋友借钱，都遭回绝。后来他向一位平时交往不多的乡民伸出求援之手，在他说明情况之后，对方毫不犹豫地借钱给他，使他东山再起，他从内心里感激不尽。后来，他在事业上发达了，依然不忘同乡借钱的交情，常常给对方以特别的关照，这是一种知恩图报的典范。

雪中送炭、口渴喂水是施恩的一大特征，别人有难处才需要帮忙，这是最起码的常识。我们内心都有一些需求，有紧迫的，有不重要的，而我们在急需的时候得到别人的帮助，则内心感激不尽，甚至终生不忘。在快要饿死时送一个萝卜和在富贵时送一座金山，就内心感受而言，完全不一样。雪中送炭，滴水之恩，说的就是这个道理。要拥有良好的人际关系，必须洞察个中玄机和策略。

交朋友要遵循交换对等定律

社会心理学中有这样一句话："我们喜欢那些同样喜欢我们的人。"事实的确如此，生活中，人们通常会选择和那些喜欢自己的人交往。其实，这是人际吸引过程中的一种常见效应：交换对等定律。

一般来说，人们彼此间的交往都需要遵循对等律。在当今这个时代，人们彼此间的交往大体上是一种对等的结合。事实证明，对等的交往才会有稳定的基础，不对等的交往就有不平衡的因素。所以，人们一般都在满足"对等"的范围内选择交往的对象。

人们都希望自己所交的朋友是一个不错的人，就算不比自己强，也应该与自己相去不远。人们希望自己所交的朋友能够帮助自己，最起码能够支持自己。在结交朋友的时候，每一个人内心都有这样的渴望。如果对方不能满足自己这种内心的需要，那么彼此的交往就很难继续下去，因而人人都在寻找有对等条件的交往对象。

但是，现实往往很难实现人们的这种愿望，因为要让彼此的情感完全处于对等状态是非常困难的。毕竟在生活中，“郎才女貌”这种情况还是比较少的，更何况人们在交友过程中往往存在着较高期望，大家都希望得到更好的朋友，因为这样对自己的帮助会更大、更明显，结交有身份的朋友，最起码可以给自己“长脸”。很显然，现实中要满足这样的心理需要是不太可能的。于是，人们的内心转而把对等效应“变相使用”，成为一种“等值交换”。譬如，有些人无论在文化、学历上还是身份上都很一般，只因为长得英俊或漂亮，就可以交到身份显耀的朋友。其实，这也是一种对等。

一个人其他条件一般，但相貌特别出众，也可能被评出高分。用经济学的术语来讲，美貌是一种稀缺资源，它不像学历、能力可以通过后天努力获得，相貌是先天决定的，是没办法的事。这种先天的优势往往能够弥补一些后天的缺失。就好像做房地产生意，好地段是稀缺资源，边远地区的房子盖得再好，可能都不及好地段卖得好。在交往过程中，这种先天的优势就可以与文化、学历、气质、身份等具有对等的价值，因而有优势，彼此的交往就能够维持住。

相反，如果先天条件不足，人们也可以通过后天的努力提升自己以达到对等定律的要求，结交到好朋友。

尽管在人际吸引过程中对等定律普遍存在，但是也有特殊对等的现象。有些人能够超值发挥，突破一般对等定律，获得长久而稳定的人际关系，就好像在体育运动中，运动员并不一定要擅长所有的体育项目，如果一个人所具备的特质属于稀缺资源，那么只需要一条就足够吸引他人了。

有位男士很优秀，可他的妻子从哪方面看都很平常，两人的条件相差很多，但他们一直不离不弃。尽管从表面上看，妻子和丈夫一点都不般配，可是人们都可以体会到丈夫对妻子的爱。后来，人们了解到两个人的过去，才知道了他们幸福的原因。

原来妻子与丈夫曾经共患难过，不仅如此，她一直悉心呵护丈夫，这种理解和呵护是丈夫在其他女人那里根本得不到的。他的妻子还特别善于理家，承担着照顾孩子、赡养父母的责任，在安排衣食住行等方面给了丈夫不可或缺的安全感。这些特殊的要素是外人一时难以了解也不容易看清的。事实上，两个人的稳定关系就来自于这种特殊对等。

关于对等定律，婚姻如此，人际交往更是如此。

身为一个普通人，如果想与一个特别成功的人交朋友，本来论条件可能对等不上他，但是，假如能找到他的特殊需要，发挥对他的特殊作用，然后超值发挥，也可能取得成功。无论如何，都需要让自己的某一特殊资源触动对方。

首先，人们要想方设法提高自己。无论是学历、成就、气质、金钱，还是自己的等级和品位，都应该是可以提高的特殊资源，只有善于提高自己，才可能让朋友关系更长久。

其次，不要看不起境况不好的朋友。因为这样不仅会让你失去朋友，还会失去特殊的稀缺资源，对你交际圈的发展是不利的。

学会倾听朋友的牢骚

谈话可以使人精神愉悦、提高干劲，这话听起来或许有些不可思议，但是事实证明这是一个正确的结论。如果你是一个团体中的成员，那么不妨采取谈话的方式营造良好的合作关系。

美国芝加哥郊外有一家非常有名的电话交换机制造工厂，这家工厂出名的原因并非因为技术多么先进，而是因为一系列的心理学试验。这家工厂就是霍桑工厂，而那些试验的结论则被命名为“霍桑效应”，并被写入了心理学著作中。

在霍桑所有试验中，有一项访谈试验，而该试验的目的是为了探求工厂生产状况不佳的原因。霍桑工厂虽有优越的工作条件和完善的福利保障，但奇怪的是员工们仍然愤愤不平，以至于工厂的生产状况一再恶化。为探求原因，1924 年 11 月，美国国家研究委员会在该厂进行了“谈话实验”。

专家们用了两年多的时间，找工人个别谈话达到两万余人次，并对被访谈者的言谈做了详细记录。所有的专家在谈话过程中都很耐心地倾听工人们对厂方的各种意见和不满，每一个访谈者都被要求不准反驳和训斥被访谈者的阐述。尽管所有的受访者都倾谈所谓的意见，但是旁观者一眼就可以发现其实那些记录上大部分都是些“牢骚”。

然而没想到的是，“谈话”之后，霍桑工厂的产量一升再升。

这种奇妙的现象让社会心理学家倍感兴趣，经过研究他们发现，“谈话实验”让工人觉得自己被重视，得到一种“发泄的满足”，从而感到心情舒畅、干劲倍增。

事实也证明，心理上的满足对每一个人来说都是极为重要的，尤其是在与人合作之时，要想让彼此的合作更融洽，并让工作顺利完成，心理满足就更加不可忽略了。

有的人公私分明，在公事上绝不谈交情，成了双面人。其实这大可不必，甚至完全没有必要。铁面无私固然是好，但是并不是“万金油”。事实上，你需要的不是公私分明，而是实实在在地解决问题。要记住，你面前的不仅仅是同事，更是合作伙伴，你们的关系不仅仅建立在工作的交流上，有时还要感情的沟通。

人们在不满的情况下发出的牢骚虽然流露于非正式场合，甚至其中有些言语较为刺耳，但作为伙伴关系中的一方，你有义务去倾听。如果你无视对方的抱怨，依然我行我素，采取不予理会的态度，那么对方的小牢骚就可能成为严重的不满，最终导致伙伴关系的破灭。

善待对方的“牢骚”不仅能促进彼此的关系，提高你的影响力，减少工作中的失误，而且更有利于整个团体关系的健康发展。很多人以为“霍桑效应”只不过是领导者用来获取利益的一种手段，事实上这只是表面现象，其真正的好处在于，它能充分重视对方的心理需求，填补其心理需求的空缺。

在工作上，尽管利益更加为人所重视，但如果只是一味地给钱给物，忽视了对伙伴的尊重以及情感沟通，不善于倾听对方的意见、建议、牢骚和不满，对方就会长期生活在一种受压抑的氛围中，这样利益的价值就会贬值。如果你不知道补救，那些“身在曹营心在汉”的合作伙伴就会远走高飞。

要想留住他人，绑住对方的脚是不行的，即使留住了对方，也不可能为彼此的梦想添砖加瓦。

记住，人性中最本质的需求就是渴望得到尊重和欣赏。而欣赏并不仅仅在于口头的表达，更重要的是你愿不愿意倾听对方的牢骚与烦恼。

提升自己的人际活力，首先在于提升交往对象的心理满足感，而提升对方心理满足感的重要方法之一就是鼓励同伴说出自己的不满。事实上，激励伙伴，并不是一味地在旁边为对方打气和加油，一些“毫不起眼”的尊重和欣赏行为往往能够起到更好的效果，鼓励对方说出不满，认真听取对方牢骚就是一个重要的方法。

交朋友在于经常沟通

沟通是一种艺术，只有时常沟通才能保证工作的顺利、家庭的幸福、友谊的长存，与朋友交往相处需要一定的智慧和技巧。不论是什么样的智慧和技巧，最基本的原则就是朋友之间要始终保持联系。没有沟通，深厚的友谊可能变得越来越淡，两颗心灵之间可能会彼此疏远；不时常交流沟通，曾经无话不谈的朋友可能变得形同陌路。因此，与朋友保持顺畅沟通能够使友谊常青，能够使你的人脉无限广阔。

刘备曾在读私塾时，因为聪明，而且很讲义气而成为同学中的老大。在几年中，他经常帮助其他同学，与他们的关系处得都非常的好。后来大家都长大了，也都知道自己各有各的道路要走，刘备也与昔日的好同学、好玩伴各奔东西了。

虽然说大家彼此都分开了，但是刘备却很注重经常与同学进行联系沟通。其中有一位叫石全的人，是刘备读书时最要好的同学。石全在读完书后，由于老母亲健在，于是，便回家继续供奉老母亲，以尽儿子的孝道，石全为了维持母亲和他的生计不得不打柴和卖字画。而刘备不嫌昔日同窗的清贫，经常邀请石全到他家做客，共同探讨当时天下形势。像这样融洽的聚会一直保持了若干年，这也致使刘备与石全的关系不断地加强，情同手足。

后来，刘备为了实现自己心中的宏伟目标，就带领一支队伍参加了东汉末年的农民起义。初时，刘备的军事实力相当的小，不得不依附其他人，在一次交战中，寡不敌众，刘备所带的军队被全部歼灭，他自己也受了重伤，后来被石全救助并把他藏了起来，才躲过敌人的追杀，由此逃过了一劫。

可见，在某些紧要的关头，朋友是多么的重要，朋友能够帮上大忙，有的朋友甚至会冒着生命危险帮助你，为你排忧解难。但是，一定要记住一点：这中间的益处是来自于你平时自己的努力，如果你在与朋友分开之后并没有经常性的相聚，那么好的关系又从何谈起呢？从中受益则更是一纸空文而已。所以，只要你抱有诚心，抱有真情，用你的真诚来维持分开之后的朋友关系，你的人际关系面会更加的广泛，路也会越走越宽。

有些人认为建立关系就是四处搜集名片，然后分别打电话向对方求一份工作。事实上，建立人际关系并不等同于求职，求职仅仅是其中一个目的而已。关系的建立是一个持续的过程，或许他们无法立即介绍工作给你，但是只要保持联络就会有机会。

第一次接触以后要记得利用电话或是电子邮件表达你的感谢，也可以写一张感谢卡给对方。感谢的同时要让对方了解你会持续保持联络。后续联系的目的主要是让对方了解你的最新状况并获得最新的信息。如果你真的重视建立关系，你就会随时随地找寻机会，而不是在特定时候或是紧急的时候才想到。重要的是建立长久的互惠关系，而不应是为了特定的目的。

张华是某财经媒体的主编，已经工作很多年了，自然拥有了财经记者圈，而且在圈里的知名度也非常高，在一些人的印象中，张华是一个主意多的热心人。于是，他经常被电视台相关节目请去做节目策划。时间长了，在节目策划圈也有了一定的名气，成了电视策划圈的成员。但张华认为仅仅有这两个关系网显然是不够的，作为一名主编，还要有一个领域对工作有一定帮助，那就是出版社了。张华和出版界并不是很熟悉，他便分析了自己的优势：熟悉财经领域，能出相关选题；拥有媒体资源，能为图书做市场推广。于是，张华通过朋友介绍、采访，主动结识了出版界知名人士，并利用自己的优势与他们合作：参与策划图书选题，通过各种途径为图书做推广，还时常写个书评、推荐短文等等。除了业务上的联系，张华每逢节假日都会邀请几位一起坐坐，或者登门拜访，或者电话联系，或者通过电子邮件进行交流。渐渐地，张华与朋友们的关系越来越好，找他合作的出版社越来越多，张华认识的出版圈朋友显然也是越来越多。而现在，书商有经管类的书要出版，少不了找张华出点子。

人际交往中，要想保持良好的朋友关系，一定要多沟通、多联系，中国有句古语：“亲戚在于走动，朋友在于沟通。”很好地说明了保持良好人际关系的秘密。从心理学的角度讲，联系沟通就是让朋友更多地了解你的生活状况，从而拉近朋友之间的心理距离，增进感情。因此，在朋友交往中，要想获得知心的朋友，就要更多地跟朋友保持联系，友情会在不断沟通和交流中变得炽烈。

交友要懂得藏起锋芒

老子曰：“良贾深藏财若虚，君子盛德貌若愚。”其意思是说精明的商人总是隐藏其宝物，君子品德高尚，而外貌却显得愚笨。这句话告诉我们，社交时要藏其锋芒，收其锐气；不能不问情况，将自己的才能让人一览无余。不论长处、短处全在他人面前展露无遗，那你就很容易被他人操纵。

在生活和工作中，离不开语言的沟通，而有些人一张嘴就使人感到狂妄自大，因此别人很难接受他的观点或建议。同时这种人往往以自我为中心，喜欢自我表现，惟恐他人不知道他有能力，处处显示出自己的优越感，企图获得别人的敬佩。然而结果常常适得其反。其实，以低姿态出现在他人面前，更加容易让对方认可、接受；而毫不谦虚、妄自尊大、高看自己、瞧不起别人的人往往引起他人的反感，这种情况发展到极致，那么他的结局只能是一个孤家寡人。

吹嘘炫耀是一种自杀行为。初涉新环境，总想让别人尽快了解和熟悉自己，以期引起别人的注意，这是常人与陌生人交际中的普遍心理。在这种心理的支配下，一些人常常在无意间谈论自己“从前如何如何”。这种做法取得的效果，往往是与自己的预想相反的。即使你曾有过十分辉煌的过去，但说者无心，听者有意，别人立刻就会产生反感，认为你是在吹嘘、炫耀自己。

有一位在企业从事统计工作的女孩子，调到某机关的第一天，就与陌生的同事大谈自己的过去，并无意间冒出一句“像我这类人在企业都属于上上人”。结果可想而知，同事大为反感：你是上上人，还调到我们这里干什么？于是群起而攻之，不出3个月，此人就被排挤出局。其实，她完全可以凡事谨言慎行，泛泛地了解别人的简历，适时求教，较多地了解工作程序。至于自己，可在以后的交往中让别人逐步了解。这样，就会给别人留下一个沉稳谦逊的好印象。

人际关系是一种很微妙的“化学反应”，也许一件小事就能让你和他的关系很好，也可能很坏，关键在于态度要谦逊，要懂得藏起锋芒。

如果你想在事业上有所作为，就得以低姿态出现在社交场合中，在他人面前，你的平和、朴实、憨厚，甚至愚笨、毕恭毕敬，让对方感到自己受人尊重，比别人聪明，从而在谈事的时候放松对你的戒备，觉得你能力平常，自己没必要花大力气对付。可当事情有利于你的时候，对方能够不自觉地以一种高姿态的方式来对待你，他心里似乎明白好像你在让着他，自然也就不会和你争高低了。

这样看来，藏起锋芒，以低姿态活动应该是一种有效的社交策略，低姿态是一种表象或假象，是为了让对方感到心理上的满足，使他对你消除戒备心理，使他乐于和你合作。表面上谦虚的人，可能是非常聪明、工作认真的人。当你大智若愚的时候，当对方麻痹大意的时候，你的工作已经完成了一半。

有位小杂志社社长不管是什么场合都喜欢装腔作势，并且故意以降低自己的音调来表现庄重的样子。不仅如此，他还总是一副无所不知的样子，这种姿态让人觉得他好像在做自我宣传。然而，不论他怎么装腔作势，他出版的杂志或周刊永远上不了台面，他所出版的刊物总是被人批评为现学现卖、肤浅的杂学之流，这是因为他对任何事都喜欢插进一脚来评论。当他刚要开口说话，旁边的人就说："天啊！又要开始了。"然后便咬着牙、万分痛苦地忍着。这和说大话、吹牛并无不同：自己本来没有高人一等的智慧，却装出一副什么都知道的样子，这样会被人看作是虚张声势的伪君子。

其实，承认自己也有不知道的事并不丢人，为了要自抬身价而不懂装懂，一旦被对方看穿，反而会令对方产生不信任感而不愿与你交往。"闻道有先后，术业有专攻。"每个人都有自己的专长，不可能每件事都很精通。越是爱表现的人，越是无法精通每件事。交朋友应该互相取长补短，别人比自己精通的地方就应不耻下问，即使是自己很精通的事，也要以很谦虚的态度来展现实力，这样才能说服他人，同时得到他人的尊重。

愚蠢的人常常在交际中展示自己无所不能，时时刻刻都在显示他比别人聪明，这种人可能是过于自负，总是要显示自己的强大和渊博，也可能是过于自卑，用一个很强大的外衣来武装自己受伤的心灵。无论是哪一种，这种与人交往的方式是讨不到任何好处的，换来的只能是别人的排挤和打击。所以，智者总是能够藏起自己的锋芒，谦虚地与人交往，从而拥有好人缘。

第十章

赢得上司的青睐

曾经从事过管理工作的人都知道，想要在工作上取得成就，那就必须搞好与上司的关系。因为如果和上司的关系不牢固，那么自己的地位就会岌岌可危。所以我们一定要把上司变成我们的同盟军，只有这样，我们的工作才能获得领导的支持而事半功倍。

与上司相处要懂得以退为进

为人处世既要适时表现自己，又不能过分表现自己，尤其是在与领导的相处过程中，一定不要抢了领导风头，让领导失去光环。实践告诉我们，作为下属，既不要功高震主，又要适当表现，给自己留下能够升迁的机会。这就需要在对待上司时，要刻意地谦恭有礼、曲意逢迎，懂得以退为进，在上司需要帮助的危难时刻，挺身相救。总之，在与上司打交道的时候，要牢记“退一步海阔天空，进一步逼虎伤人”的心理策略，切不可抢了上司的风头。

低调的人不会独享荣耀，因为自己的成绩再大，也是在上司的领导下取得的。过分宣扬自己的成绩，会令别人显得暗淡无光，让上司和同事都有一种不安全感。而一个人的低调却能让这些人吃下一颗定心丸。

林强，某名牌大学毕业，到一家大型报业集团担当记者，初出道时已锋芒毕露，才华尽显，令其上司编辑部主任大感不妙。主任一则恐怕这样的新人被老总赏识，自己饭碗难保，二则其他同僚亦会轻视他。而另一方面他又想到该人确实是一位难得的人才，有助报社及个人表现，不能轻易放弃，内心非常矛盾。

林强早已察觉其上司只是庸才一名，却不动声色，一直默默工作。有时遇到大新闻和独家材料都归功于主任，主任自然喜出望外，大赞他聪明能干，极具潜质。

不久，报社副主任请辞，林强在该主任推荐下走马上任，成为心腹下属之一，这无疑是平步青云第一步，旁人皆认为他既能干，人缘又佳，有大将之风。

人往往被成功冲昏头脑，在上司面前可能会显示卓越不凡，从而漠视上司的存在和价值。切记，上司是你走向成功之路的踏脚石，不能随便踢开，否则后悔莫及。

有人问魏明帝时的楚郡太守袁安："已故的内务大臣杨阜，难道不是忠臣吗？"袁安回答说："像杨阜这样的臣子只能称之为'直士'，算不上忠臣。作为臣子，如果发现主人的行为有不合规矩的地方，当着众人的面指出他的错误，使君王的过失传扬天下，只不过给自己捞个耿直之士的名声，但这不是忠臣应有的做法。已故的司空陈群就不是这样，他的学问人品样样都好，他和中央机关的高级官员们在一起从来不讲主人的错误，只是几十次地送奏章给皇帝，指出哪些事做错了，哪些缺点必须改，有批评，也有建议，而别人却都不知道他写过奏折。陈群提出意见从不自我标榜，所以后世的人都尊他是一位德高望重的长者。这才是真正的忠臣。"

生时忠心耿耿，死后想捞个忠臣的名声竟然这么难，这样的结果杨阜怎么也不会想到吧。不过，这还算是好的，如果不懂得"把风头让给上司出"的道理，搞不好连命都搭上了。

公元前478年，斯巴达派遣年轻的贵族卡阿尼斯率领远征军讨伐波斯。

卡阿尼斯与同伴浴血奋战，很快就夺回了波斯占领的地方，胜利而归的卡阿尼斯等人受到了人们的热烈欢迎，勇气可嘉的卡阿尼斯更是赢得了雅典人民和斯巴达的敬重。然而，在庆功宴会上，卡阿尼斯却独揽了风光，接受着最高的荣耀和赞赏，把其他贵族冷落到了一旁。极其妒忌并对其极为不满的贵族们经过密谋，商量出一个对策。不久就有传言称，卡阿尼斯与波斯相互勾结，企图摧毁斯巴达。当局立即下令拘捕卡阿尼斯，他不得不仓皇而逃，这位昔日的英雄最终被愤怒的人们烧死在荒野外的一个茅屋中。

独享荣耀是激起他人心中不满并心生恨意的最主要原因。大家都为一个目标在努力奋斗，不料让你抢先得到了这个惹人眼红的功劳，相比之下，其他人明显比你矮了很多，你的存在也不时地给他人造成了威胁，尽管你并未做任何伤害他人的事，但又有谁还愿意跟一个没有安全感的人在一起呢？

低调的人在取得成功时一定会记得感谢，记得感谢曾经帮助自己的人，尤其是要感谢上司和地位高的人，感谢他们对你精心的提拔和栽培。这绝对不是谄媚逢迎，而可以消除别人对你的嫉妒，你的感谢会让上司反过来感谢你对他的尊重和在意，从而拉近你与领导的距离。

口头上的感谢也是一种分享，这种分享可以无穷地扩大范围，你的主动分享能让别人有受尊重的感受。如果你的荣耀事实上是众人协力完成，那么你就更不应该忘记这一点。

总之，作为下属，一定要懂得让上司占据风头的心理策略，把风头让给上司，让聚光灯照到上司的身上，这也是在职场中立于不败之地的不二法门。

要学会“难得糊涂”

“难得糊涂”历来被推崇为高明的处世之道。小事糊涂者并非是傻瓜，而是大智若愚，因此，在无关原则的情况下，我们不妨装装傻。在人际交往中，装傻可以为人遮羞，自找台阶；可以故作不知达成幽默，反唇相讥；可以假痴不癫迷惑对手。你必须有好演技，才能“傻”得可爱，“疯”得恰到好处。谁不识辩真相谁就会被愚弄；谁不领会大智若愚之神韵，谁就是真正的傻瓜。与人交往装傻，与上司相处更要装傻。

作为一个人，尤其是作为一个有才华的人，要做到不露锋芒，这样既有效地保护自我，又能充分发挥自己的才华。要做到这一点，你就必须说服、战胜盲目骄傲自大的病态心理，凡事不要太张狂，太咄咄逼人，更要养成谦虚让人的美德。所谓“花要半开，酒要半醉”，与人交往装傻，与上司相处更要装傻。为人处世要深谙这一道理。当你志得意满时，且不可趾高气扬，目空一切，不可一世，这样你不被别人当靶子打才怪呢！所以，无论你有怎样出众的才智，都一定要谨记：不要把自己看得太了不起，不要把自己看得太重要，不要把自己看成是救国济民的圣人君子，要收敛起你的锋芒，夹起你的尾巴，掩饰起你的才华。

郑庄公准备伐许。战前，他先在国都组织比赛，挑选先行官。众将一听露脸立功的机会来了，都跃跃欲试，准备一显身手。

第一个项目是击剑格斗。众将都使出浑身解数，只见短剑飞舞，盾牌晃动，斗来冲去。经过轮番比试，选出了 6 个人来，参加下一轮比赛。

第二个项目是比箭，取胜的 6 名将领各射 3 箭，以射中靶心者为胜。有的射中耙边，有的射中靶心。第 5 位上来射箭的是公孙子都。他武艺高强，年轻气盛，向来不把别人放在眼里。只见他搭弓上箭，3 箭连中靶心。他昂着头，瞟了最后那位射手一眼，退下去了。

最后那位射手是个老人，胡子有点花白，他叫颖考叔，曾劝庄公与母亲和解，庄公很看重他。颖考叔上前，不慌不忙，“嗖嗖嗖”三箭射击，也连中靶心，与公孙子都射了个平手。

只剩下两个人了，庄公派人拉出一辆战车来，说：“你们二人站在百步开外，同时来抢这部战车。谁抢到手，谁就是先行官。”公孙子都轻蔑地看了一眼对手。哪知跑了一半时，公孙子都却脚下一滑，跌了个跟头。等爬起来时，颖考叔已抢车在手。公孙子都哪里服气，提了长戟就来夺车。颖考叔一看，拉起车飞步跑去，庄公忙派人阻止，宣布颖考叔为先行官。公孙子都怀恨在心。

颖考叔果然不负庄公之望，在进攻许国都城时，手举大旗率先从云梯上冲上许都城头。眼见颖考叔大功告成，公孙子都嫉妒得心里发疼，竟抽出箭来，搭弓瞄准城头上的颖考叔射去，一下子把颖考叔射了个“透心凉”，从城头栽下来。

锋芒太露而惹祸上身的典型在旧时是为人臣者功高震主。打江山时，各路英雄汇聚一个麾下，锋芒毕露，一个比一个有能耐。主子当然需要借这些人的才能实现自己图霸天下的野心。但天下已定，这些虎将功臣的才华不会随之消失，这时他们的才能便成了皇帝的心病，让他感到威胁，所以屡屡有开国初期杀害功臣之事，如韩信被杀，明太祖火烧庆功楼，无不如此。大家读过《三国演义》后可能注意到，刘备死后，诸葛亮好像没有大的作为了，不像刘备在世时那样运筹帷幄，满腹经纶，锋芒毕露了。在刘备这样的明君手下，诸葛亮是不用担心受猜忌的，并且刘备也离不开他，因此他可以尽力发挥自己的才华，辅助刘备，打下一份江山，三分天下而有其一。刘备死后，阿斗继位。刘备曾当着群臣的面说：“如果这小子可以辅助，就好好扶助他；如果他不是当君主的材料，你就自立为君算了。”诸葛亮顿时冒了虚汗，手足无措，哭着跪拜于地说：“臣怎么能不竭尽全力，尽忠贞之节，一直到死而不松懈呢?”说完，叩头流血。刘备再仁义，也不至于把国家让给诸葛亮，他说让诸葛亮为君，怎么知道没有杀他的心思呢?

因此，诸葛亮一方面行事谨慎，鞠躬尽瘁，一方面则常年征战在外，以防授人“挟天子”的把柄。而且他锋芒大有收敛，故意显示自己老而无用，以免祸及自身。这是韬晦之计，收敛锋芒是诸葛亮的大智慧。

你不露锋芒，可能永远得不到重任；你锋芒太露却又易招人陷害，虽容易取得暂时成功，但同时也为自己掘好了坟墓。当你施展自己的才华时，也就埋下了危机的种子，所以才华显露要适可而止。

当今社会，此理仍然，与领导交往的技巧就是“故意装傻”。意思就是不炫耀自己的聪明才智、不反驳对方所说的话。其实要做到这一点是非常不容易的，必须要有很好的演技才行。现实生活中，并非人人都可以傻得恰到好处，如果掌握不好其中的尺度，反而会弄巧成拙。

要勇于为领导承担责任

领导是有级别的，通常小领导上面还有大领导，小领导在自己的大领导面前，也是下属，他们也有受委屈的时候。当他们在工作中出现失误时，也要接受批评。然而，他们毕竟是领导，对于这样的批评，他们往往非常难为情，尤其是当着自己下属的面被自己的上司批评指责时。所以，身为下属，有时候适当地为领导背背“黑锅”，替领导承担责任，也是必要的。

平心而论，“黑锅”谁都不喜欢，自己的失误尚且要想办法自圆其说，或者一推了之，更何况是为别人承担“莫须有”的罪名呢？可是，你是下属，如果你想和自己的领导进一步建立互相信任的融洽关系，那么在领导为难的时候，你就应该挺身而出，勇于为领导背“黑锅”。

其实，基于某种考虑，当领导面临尴尬时，也会有意识地将某些责任推给下级，对于这种“黑锅”，你是背也得背，不背也得背。因为，领导和下属事实上处于不平等的地位，领导具有社会公认的优越感和主动权，而下属通常只有被动接受的份儿。还是美国微软公司的总裁比尔·盖茨说得好：“人生是不公平的，习惯去接受它吧。”所以，与其背也得背，不背也得背，还不如争取主动，自觉地帮领导承担一些责任。当你为领导背下“黑锅”时，领导也正在想办法拯救你。有些人面对突如其来的“黑锅”，往往试图通过消极怠工的方式来反抗领导，甚至马上采取行动，向他人证明自己的清白。其实，这是一种很愚蠢的做法。因为这有可能使你完全丧失领导对你的信任。严重时还可能恶化你与领导的关系。

常在历史题材的影视作品中看到这样的情节：本来是家中主事者的主意，才惹祸上身，可是，在气势汹汹的外人面前，家中的主事者却与家人一唱一和地演出苦肉计。主事者一面向来人说着天花乱坠的好话、软话，一面恶狠狠地训斥着家人“还犯不犯这种错误，连某某人都敢招惹？我看你是吃了熊心豹子胆!”说完，还假模假样地做出要打人的架式。外来的那个人一看，气也就消了一半，连忙伸手去拦。事情就这样暂时告一段落。

这样的情节与为领导背“黑锅”很相似。当然。影视作品中的背“黑锅”者多数都是始作俑者的亲信，也只有亲信才能与主事者心有灵犀，在不需要排练的基础上就能把戏演得滴水不漏。

在现实生活中，“黑锅”背起来可没有那么多的诗情画意。背“黑锅”意味着你可能会担上一个骂名。有了这个骂名，你的人际关系可能会受到影响，你的工作可能会遇到阻力。但是塞翁失马，焉知非福？佛教经典中有这样一个偈子：舍得，舍得，有舍才有得。舍弃暂时的名利，你可能会得到更多。

《三国演义》里关于貂蝉的故事中也有这样的桥段。貂蝉是中国古代“四大美女”之一，素有“闭月”之称。在《三国演义》中，罗贯中将她描绘成一位能歌善舞、色艺俱佳的妙龄女子。形容她的美貌和舞姿为：“红牙催拍燕飞忙，一片行云到画堂。眉黛促成游子恨，脸容初断故人肠。榆钱不买千金笑，柳带何须百宝妆。舞罢隔帘偷目送，不知谁是楚襄王。”

据《三国演义》记载，貂蝉是王允家中的一名歌妓。王允当时正辅佐汉献帝，并担任司徒一职。在朝廷上，他非常不满太师董卓的飞扬跋扈，因此，想要剿灭国贼，欲除之而后快。可是，董卓当时权倾朝野，势力正如日中天，要想除掉董卓，绝不是一件容易的事情。王允苦无良策，终日茶饭不思。一次，他偶然之间注意到歌妓貂蝉，由此计上心来。而貂蝉为报答王允对自己的大恩，也表示“如有用妾之处，万死不辞”。于是王允精心设计了个“连环美人计”，他先将貂蝉许配给董卓的义子吕布，但在吕布前来迎娶之前又将貂蝉献给了太师董卓。由此挑起董、吕两人之间的矛盾。而貂蝉是这个连环计的主要角色，她也的确是一位出色的演员，在导演王允的授意下，貂蝉一方面在吕布面前扮成一位以心相许，却被董卓霸占的苦情弱女子，另一方面又在董卓面前装作是一位受吕布调戏的无辜侍妾。董卓和吕布在貂蝉的挑唆下渐生嫌隙。彼此恨之入骨，反目成仇。最后吕布杀董卓，夷灭董卓的三族。

貂蝉的出色表演，使王允的计划得以顺利实施，顺利地铲除了朝中的一大祸害。但是，尽管貂蝉成就了这件美事，却在很长一段时间里背负着“红颜祸水”的骂名。实际上，貂蝉只是政治斗争的工具而已，政治生活中的尔虞我诈、明枪暗箭，与她有多大的关系呢？而正是由于貂蝉的牺牲，才衬托出她的领导（王允）高大、智慧的形象。

同样的道理，在现实生活中，领导在决策上也有进退维谷的时候，甚至有因决策失误造成不良后果的时候。在这个时候，如果下属能够勇于替领导承担一部分责任，那么事情很可能会迎刃而解。正如前面所言，领导也有自己的领导，他也会被上级检查工作，他也可能会挨批评。这个时候，如果作为下属能够站出来，主动说：“这不怪我们领导，出现这种问题主要是我们的工作做得不细造成的，影响这种结果的具体原因是……要处分就处分我吧！”听到这样的回答，高职位的领导至多也是“各打五十大板”，决不会再疾言厉色。

背“黑锅”意味着为领导承担责任，分担压力。将这个“黑锅”背在身上，实际是一种感情投资。只要领导本人能够了解内情，你就会有得到回报的那一天。

不要与领导过于亲密

与人交往，不能过于疏离，拒人于千里之外；但也不能过于亲密，要与交往对象保持适当的距离，与领导相处尤应如此。与对方保持适当的距离，是对彼此人格与隐私的尊重，是彼此保持美好形象的一种方式。反过来，不遵照常规地缩短与他人的距离，会破坏他人对空间的需要，是对他人的不尊重。

“大家辛苦了，今晚放松放松，尽情地喝、尽情地唱。”项目经理一说完，整个包间都沸腾了。划拳的划拳、碰杯的碰杯、唱歌的唱歌，好不热闹。没过多久，有几个已经表现出醉意，因为担心酒后失态，张伟没敢多喝。

张伟大学毕业，分配到这家会计师事务所从事审计工作，还不到半年。这次是跟随一个项目组为某大型企业做专项审计。

今天，所有的工作都结束了，项目经理带大家到酒吧唱歌，算是犒劳大家大家吧。

“男子汉，放开手脚，喝!”项目经理看出了张伟的拘谨，向张伟举起了酒杯。

张伟的脑袋一下子便热了起来，接连喝了好几杯，其他的同事见他挺能喝，便纷纷与他碰杯，不一会儿，他便感觉晕乎乎的。

第二天醒来，张伟发现自己和衣躺在床上，但他想不起自己是怎么回宾馆的。

问同居一室的同事，大家只笑笑说：“你醉了，当然不知道喔!”

张伟为此有些不安，不过没两天就忘了这事。让他意想不到的是：第二次组队，原来的项目经理死活不肯接受张伟，理由是：处事不灵活，应变能力差。

原来那天晚上，张伟喝醉了，他频频向经理敬酒，还拍着经理的肩膀，与其称兄道弟，搞得经理心里很不痛快。

经理为什么会不痛快呢？不是他自己让张伟喝的吗？

是，没错，不过他并没有要求张伟喝那么多，更不希望他在酒后没大没小，与自己称兄道弟。

人与人之间，是需要保持一个距离的。这个距离，有空间的，也有心理的。

想想在一个并不拥挤的公共场所，一个陌生人紧挨着你，你都能感觉到他的呼吸，你会有什么感觉？在办公室，一位关系并不亲近的同事老是打听你的家世，你又有什么感觉？当然是让人不自在。这说明了人与人之间，距离要适当。彼此的距离太近，会感觉私人空间遭到侵犯，心里不舒服。

这也是为什么，当你坐到对方坐惯了的椅子上，当你把一件无关紧要的私人物品放到对方的办公桌上，当你向对方表示异乎寻常的亲密时，对方会表现出不快。

在职场，每个人都应该学习如何与领导保持适当的距离。一个在观念上没有等级之分，不懂得与领导保持一定距离，不知道维护领导私人空间的下属，是不可能得到领导的认可与赏识的。因为，在领导看来，适当的距离是下属对自己心存敬意的表现。

很多时候，领导心情轻松，会与下属开几句玩笑调侃一下，或者在下班后与下属结伴去消遣一下，态度上可能会显得较为亲近和随便。往往这种时候，下属很容易忘了自己的身份，随意与领导开玩笑，引起领导反感甚至翻脸。

就像张伟的项目经理一样，他与大伙同乐，请张伟喝酒，是为了拉近与下属的距离，增进彼此的感情，但这并不表示下属可以随心所欲，与自己称兄道弟，完全没有距离。

如果张伟意识到这一点，他肯定就不会在经理的邀请下飘飘然了，他可以适当地喝一些，表现得随和一点，但坚守自己的底线，这样，就不至于喝得太多，以致于醉后做出不理智的举动。

与领导保持一定的距离，对领导表示由衷的敬意，无论何时何地，都应如此。所以，在与领导沟通时，要注意时间、场合、地点与方式。说话不要太过随便，不要挑战领导的权威。

不要成为领导的“显微镜”。也就是说，了解领导的心意，但不要事无巨细，比如他做每件事或每个行动步骤的意图是什么。否则，领导会觉得自己像个玻璃人，什么事都瞒不过你，会感觉工作很不方便。

此外，不要窥视领导的个人隐私。为了更好地配合领导工作，了解领导在工作中的性格、作风和习惯是应该的，但对他个人生活中的某些习惯则不必过多了解。

学会适时贬低自己

现实生活中，没有人喜欢别人比自己强大，所以，在与领导相处说话时，适当自贬是非常有必要的。身为职场普通一员，如果领导觉得你比他强大，那么你就危险了。要想与领导融洽相处，要想取得领导的信任，就要讲究与领导交往的技巧，适当贬低自己，抬高领导，要在不违反原则的情况下，尽量让领导感觉到他比你优越，比你更具智慧，这样就能暗中“抬高”领导，使自己成为最受领导欢迎的人。

德国最后一代君王威廉二世的总理大臣是布洛亲王，他是一位口才高手，能在关键时刻用机智的语言来拯救自己，但他在平时说话时却显得很谦卑。而威廉二世傲慢自大，建立了一支较有实力的陆军和海军，夸口可征服全世界。

有一次，他在英国做客时仍这么说，还让伦敦的《每日电讯报》刊登他的言论。例如，他宣称他是和英国友好的惟一的德国人。他说，他建立的海军足以对抗日本军队；他说，他独自一人挽救了英国，使英国免于臣服苏俄和法国的势力之下；还说，由于他的策划，使得英国罗伯特爵士得以在南非打败波尔人等等。

在一百多年的和平时期，从来没有一位欧洲君王说过如此狂妄的话。整个欧洲大陆立即愤怒起来，尤其是英国，德国政治家为此惊恐万分。

在这种情况下，德国君王也慌张了，情急之下向总理大臣布洛亲王建议，让他来承担一切责难，希望布洛亲王宣布这全是他的责任，是他建议君王说出这些令人难以相信的话。

布洛亲王当然不愿意："陛下，这对我来说几乎不可能。德国人和英国人不会相信我有能力建议陛下说出这样的话。"

皇帝立刻发起火来："你言外之意是，你比我聪明，而我是个笨蛋？"

布洛亲王知道反驳之后要恭维几句，便说："陛下，我绝没有这个意思，您在许多方面都胜过我，在陛下解释晴雨计、无线电报和伦琴射线的时候，我常常是仔细倾听，对您的才学十分佩服，并自觉非常惭愧，我对自然科学知之甚少，甚至连最简单的自然现象也搞不清楚。但是，为了补偿这方面的缺失，我学习了某些历史知识，以及一些可能在政治上，特别是外交上有用的知识。"

皇帝听到赞美之词，就不好再责难布洛亲王了，表情也由阴转晴："我不是经常告诉你，我们两人互补长短，就可闻名于世吗？我们应该团结在一起，从此让我们好好合作吧！"说完，又紧握着布洛亲王的双手，激动地说："如果有人对我说布洛亲王的坏话，我就一拳头打歪他的鼻子。"

就这样，自贬使布洛亲王避开了皇帝给他出的难题，相反还趁机与皇帝加深了感情。

当你在和上司交流的过程中，无意中因不得体的言行冲撞了上司时，要立即转移话题，寻找适当贬低自己的事情去抬高上司，这样上司的心理就会产生一种优越感，对你的不满就会降低甚至是消失。

尊重领导要有度

尊重需求是人类需求之一，它普遍存在于每个人的心中。生活中，人人都需要获得他人的承认，受到尊重；人人都有荣誉感，要求社会能给予公正的评价；人人都希望受到礼遇，要求别人对自己有礼貌。

俗话说，“你敬我一尺，我敬你一丈”，讲的就是尊重在建立人际关系中的作用和人们需要尊重的心理特点。作为领导，尤其需要下属对自己尊重，因为这种尊重体现着领导的威信及其号召力、凝聚力，也是他能否真正发挥领导作用的需要。领导的这种特殊尊重需要，是合理的、正当的，身为下属，应当有意识地满足其这种需要，这既是工作的需要，也是处理上下属之间关系的一条重要原则。因为领导是接受组织上的委派，并代表组织行使权力的人。尊重领导并不仅仅意味着尊重某个人，同时意味着对组织上作出人事委任的尊重。只要组织上对某个领导的委任合法性存在一天，只要领导仍在代表组织行使着领导权，作为下属，就应该继续保持对领导的这种尊重。

下属应当尊重，但并不是让下属对领导曲意奉迎。现实生活中，有一些下属对领导的尊重过了头，对领导阿谀奉承，溜须拍马，置原则与人格于不顾，搞人身依附，把尊重领导变成了唯上拍上，变成了实现个人目的的一种手段；有的下属在领导面前一味恭维，不管领导对错，都百依百顺，一概服从，见到领导有缺点，非但不指出，反而替其掩饰；有的下属把对领导的尊重变成了无原则地给领导吹喇叭、抬轿子，千方百计来博得领导对自己的欢心和青睐；还有的下属把关心和爱护领导变成了请客送礼、投领导所好等不正之风，企图通过自己的“有心”来换取领导手中权力的“关照”。所有这些，都是我们提倡下属尊重领导的同时必须要坚决反对的。

辛娜是个性格比较温柔，做事没什么棱角的女孩子，加上刚进公司不久，难免对领导有点儿唯唯诺诺，于是公司有的人就对她有些说辞，说她人虽小却是个十足的“马屁精”。其实辛娜特别想跟每个人都搞好关系，所以几乎对每个人都有点儿唯唯诺诺。没想到刚走进职场却落下这么个坏名声，让她着实苦闷。

辛娜的烦恼差不多是每个刚进入职场的年轻人都可能遇到的。常言道：做事先做人。人都做不好，做工作又怎么会有头绪呢？职场中有“马屁文化”的存在，也确实有喜欢拍马屁者，但那应该是指那些事事遵从、附和领导却毫无原则的人。他们言语行为活像是领导肚里的应声虫，甚至做出帮领导拎公文包、打饭端水等超过一般正常社交礼节的举动，其目的当然是讨好领导，以期达到加薪或是升官的目的。

就辛娜等一些初入职场的新人而言，在竞争激烈的职场上求生存，当然需要与领导保持良好的关系，怎么做才能够做到恰当适度，也就是尊重而不奉迎呢？

其实做起来并没有多大困难，谨守一般社交礼仪的尺度即可，不必着急处处引起领导的注意。避免在公开场合过分卑躬屈膝或过于露骨地体贴附和领导，领导生日时给予祝福、领导心情不好时给予过分关心，这样做的结果反而会引起领导不必要的紧张，弄不好还会引起同事的反感甚至是授人以话柄。通常领导最在意的是新人是否有工作热情、愿意学习，如果新人谦虚、主动地提出疑问，行事温和不武断，领导交派任务时不挑三拣四，那么新人不靠逢迎拍马也能在领导眼中获得良好的形象。

在现实中，也会有这样一种比较理想的情形出现。因为某些兴趣与理念相同，某个下属与领导会特别投缘因而受领导特别青睐。这时候，下属千万不可“恃宠而骄”，借着领导对自己的看重就在企业里制造某种个人特权。本来上下属投缘是利于工作的最佳状态，那更应该小心对待，别因领导的倚重而忽略了与同事们的关系，这样才不会被“患红眼儿”的同事传出拍马屁的流言。

如果你恰好有这样的好机遇，我们建议你不妨用如下的小技巧。领导交付你较好的任务时，你可以适时向领导暗示，为求团队和谐，建议将该任务交给团队共同执行，让其他同事也有表现机会。而在执行任务的过程中，你也应该主动协助同事，并分享自己的专业知识与技术。相信大部分领导都能理解你的建议从而作出调整，并对你的大度留下深刻的印象。

做任何事情都要掌握一个度，对待领导也是一样。领导也是人，也需要关爱与掌声，领导是孤独的，所有的管理书上都要求领导必须激励、肯定、奖励部属，但是谁来给领导以激励呢？实际上，下属的认同就是对领导最好的鼓励。下属若想肯定领导，表示佩服，又不想被误认为拍马屁时，就要把握好以下几点：领导的表现必须是有目共睹的具体事实，夸奖时不能光说“你真行!”而应说出为什么佩服，并适当表达自己的收获与体会，究竟学到了什么。这才是真心的赞美。千万记住，真心赞美与拍马屁不可同日而语。

不要盲目服从领导

一名下属员工是否也必须无条件地服从上司的指令呢？回答仍然是肯定的，因为如果有令不行，有令不通，那么组织的决策肯定不会顺畅地贯彻和执行！当然，在执行上司指令的同时，作为下属也应该保持清醒的头脑，有自己的见解，做到不盲从于某一位领导。

服从，从字面上说就是遵照听从的意思。我们这里所讲的是下属对上级要服从，没有服从就没有领导，没有服从就形不成统一的意志和力量，任何事情就都难成功。就拿乐队来说，整个乐队只能有一个指挥，这样才能奏出好听的音乐，如果乐队演奏员不服从指挥，而是各行其事，就不会有序，就只能变成嘈杂的噪音。

下属服从领导，在任何单位都是不可或缺的组织原则之一。上下级关系的性质决定了下属在工作中要服从领导的指挥。因为领导作出的决定，是从大局出发，周密权衡了各方面的情况后，经过集体讨论研究决定的，反映了全局的要求和大多数人的意志，并非完全是个人的意见。所以，从这个意义上讲，领导已决定了的事，下属一般都应该服从。

吴雪莉怀里只揣着一张中专毕业证书，只身来到一个陌生的城市，凭着自己的打字能力，找了一份工作，在一个公司的办公室做打字员。由于她聪明好学，加上勤奋与吃苦耐劳，工作干得很出色，很快得到了公司副总的赏识，但是这也引起了她的一个领导、办公室副主任的不满。

有一天，吴雪莉刚拿了副总的会议发言稿准备到电脑上打印，回到办公室一看，无所事事的领导不知什么时候进了她的办公室正在电脑上玩儿游戏，吴雪莉请领导把电脑让出来。在吴雪莉的心中，没有任何事情比完成工作任务更加重要，她没有想到的是，这名办公室副主任却恼火起来："你急什么？等我过完这一关！"吴雪莉也很生气："这是我用的电脑，再说这材料很急。请你让开！"领导一听火冒三丈，骂骂咧咧地走向副总经理办公室，接着吴雪莉被通知去副总经理室一趟。领导见到吴雪莉，气恼地数落着吴雪莉的种种不是，吴雪莉呆住了，因为领导说的那些事情自己根本没有做过。委屈的泪水从吴雪莉的眼里流出来，她抽咽着向副总经理述说了刚才与领导的冲突，她以为一向公正的副总经理会给自己一个满意的说法，但是，副总经理很明确地告诉她："这件事是你不对。"

下班后，副总把吴雪莉叫到了自己的办公室，问她："你知道自己错在哪里吗?""我没错！他在撒谎!"提到这件事，倔犟的吴雪莉仍然愤愤不平。"我知道刚才你领导的那些话不是真的，我说你错，并不是因为你领导的那些话，而是因为你没有把电脑让给领导的这件事，是你错了。""可是他用电脑不过是用来玩儿，我是在做正经事……""可他是你的领导，我就是要通过这件事告诉你，在任何情况下，你对领导的命令只有服从！无条件服从，这才是你身为下属首先应该做到的事情!"通过这件事吴雪莉明白了，服从领导，无条件地去完成领导交派的任务，是身为下属的本分。这句话，吴雪莉一直牢牢地记在心里。

从吴雪莉的经历中看副总对她的要求，也许你会觉得有点过分了，但是要知道面对那个挑剔的领导，吴雪莉只有选择服从才能赢得领导的认可。领导可能并不比你强多少，但只要是你的领导，你就要服从他的命令。大家虽然都不愿意服从别人，可是对比自己强的人的要求还是比较愿意接受的。所以有必要多寻找领导优越于你的地方，做出尊敬他、学习他的姿态。凡是尊重领导、服从领导的人，即使最初领导对他一点儿好感也没有，也会逐渐改变印象。只要你认识到尊敬领导的必要性，就会从心理上消除对他的抵触，从而摆脱那种耻于服从的心理。古人云："三人行，必有我师。"我们在寻找并学习领导长处的同时又博得领导的好感，一举两得之事，何乐而不为呀!

古往今来，下属服从领导是天经地义的。当你将目光聚焦于现实时，桀骜不驯的"刺头"却不乏其人，甚至每个人都有过刁难、冲撞领导的"惊险一刻"。同样是服从，下属的表现方式不同，领导的感受却大相径庭……在竞争激烈的职场上，机遇和挑战无时不在，正所谓：世事纷纭迷人眼，唯有服从是灵丹!

但是服从也不意味着对领导的命令不加任何分析辨别地盲目服从，尤其是在一些应该讲究原则的时候。

由于领导所处的地位，使其容易重整体筹划，轻具体操作，加之知识、能力、经验等方面有局限性，即使是领导也不可能做到对任何事物的认识判断都正确无误，在工作中难免有考虑不周、安排不当的时候。在这种情况下，下属不能像《红楼梦》中的薛宝钗那样“老太太喜欢的我都喜欢”，一味地媚上，如果下属凡事都一味附和、一概听从、一律执行，也就成了盲从，必然会给工作带来损失。

下属员工要有“不唯上、只唯实”的精神，敢于发表自己的观点。特别是对于涉及到自己职责范围内的工作，更要大胆提出自己的见解，切不可缺乏主见，这不仅是一个下属应尽的职责，更是展示你自己能力的绝好机会。研究工作时，下属要与领导交换看法、共同磋商，说真话、以诚相见，不能随声附和，不管领导意见正确与否，都“对对对、是是是”地应诺，甚至“高明”、“绝妙”地戴高帽子。当发现领导的决定、指示、意见不符合客观实际时，应积极向领导反映，申述看法，敦请领导修改指示决定，那种唯唯诺诺、明知不对也随声附和的态度，那种与领导心存芥蒂、巴不得领导“马失前蹄”和冷眼旁观的态度，对自己、对工作都是极其有害的。

谨慎谈论前任领导

在职场中，领导变更是常有的事情，那么，该如何对待前任领导呢？切记，不要轻易去谈论或评价前任领导，尤其是在新任领导面前，因为对新任领导来说，这是一个非常尴尬却又非常敏感的问题。一方面，下属可能因此而给领导留下一个不好的印象；另一方面，它也可能会使领导面临一个难堪的处境。

在对待前任领导的功过方面，新任领导的心态是比较矛盾的。一方面，他不希望在自己的新事业中仍残留着旧有权威的影子，他喜欢下属能承认和服从他的权威，而不是让前任领导时不时地出现在下属的头脑中；另一方面，新任领导同前任处在同样的位置，对前任领导的评论很可能就成为升职或转任后的评价，这不能不让人产生某种联想，可能会对下属的用心产生某种怀疑。这种微妙而复杂的心态使得我们必须对这个问题慎之又慎。

要知道，新任领导正是通过你对前任领导的评价来观察你的为人，推测你的品行，同时也在思忖：这人是否可用？下属切切不可被讨好领导的想法冲昏了头脑，而不注意其可能产生的客观效果。

下面这四个方面值得我们注意。

1. 不可指责前任领导的短处

某机关的老王，就因为揭前任领导的“短”而吃了苦头。老王与前任领导关系一般，既谈不上最好但也算不上最差。虽然表面上还算融洽，但在私下里老张认为自己很不得志，自己没有得到充分的重视。因此，当前任领导转调他处的时候，老王高兴得不得了，认为这正是自己的出头之日。

老王选择的策略是，在新任领导面前公开表示自己对前任领导的不满，说什么前任领导有“任人唯亲”、“以权谋私”、“不关心群众生活”、“独裁专制”等的不良作风，自己对之厌恶已久。现在，来了一个知人善任的好领导，他本人是坚决拥护、全力支持，只要领导发话，他便赴汤蹈火在所不辞。在许多场合，老王或强或弱地表示了这种态度。

新任领导似乎也并不反对他这样做，有时会制止或提醒他应全面看问题，但从口气和眼神来看又分明是对其做法相当赞赏。一切好像都进展得很顺利。老张对新领导处处殷勤款款，俨然成了领导的人。他想，自己肯定会得到奖赏，至少也得提上一级。

然而，人事调整的结果出来后却使老王大失所望，甚至还带有几分愤怒：被提拔的人名单中根本没有他的名字。

经过一段时间，他才醒悟过来，他的做法并未真正获得新任领导的欢心，而只是被领导利用，充当了一个替新任领导“开路”的小角色。新任领导对他的唯一奖励就是：没有降他的职。

这个例子是很值得我们深思的。且不说前任领导是否真的不怎么样，也不说新任领导是否该利用自己的下属，但领导有充分的理由不去信任和鼓励这种公开斥责前任领导的下属。

2. 不可留恋过往

揭前任领导之短固然不好，留恋过往同样也没有什么好处。许多工作多年的同志都懂得，在新任领导面前流露出对老领导的怀念与留恋，往往是一个致命的错误。

某机关领导换届，新调来的领导是“新官上任三把火”，对机关的工作纪律要求很严。人们过去松松垮垮的办公节奏立刻紧张起来，工作压力和负担也增大了，这使得许多人都感到适应不过来。一次，在办公间歇，小张伸了伸懒腰，随意从嘴里溜出一句话：“哎，过去的那种好日子是一去不复返了。”不料，这句话不久就传到了领导的耳朵里，领导便认为他是有意抵制自己的政策、发牢骚泄不满，心里老大的不快，对小王的态度也不像从前那么和善了。

这个故事告诉我们，与新任领导相处，要处处小心，即使是在同事们面前也是如此。也许小王的话本是无心的，只不过是偶发感慨，但它却触犯了与领导相处的禁区，无形中变成了留恋过去的“守旧派”。

下属留恋在旧领导手下工作的日子，在新任领导看来就是表示对新政策不满，或者是认为新任领导不如前任好，而这是最伤新领导自尊与自信的了，这势必会使新领导对这类下属产生不好的印象。

此外，新领导一上任，特别关注如何使自己区别于前任，立起自己的威信来。一方面，他不愿意看到旧的权威仍然残存下属的头脑中，影响到自己风格的确立；另一方面他也不愿意有人借古讽今，抵触、消极对待或破坏自己新权威的建立。下属应该明白，当一件事可能会对领导的权威产生直接或间接的影响的时候，都会使领导绷起敏锐的神经。而当这一件事对领导的影响是负面的时候，他则自然而然地会产生敌视态度，并很可能把这种敌意转化成行动。

3. 多作客观描述，少作主观评论

谈论前任领导是一个敏感区，但决非禁区。有些时候，新任领导要想了解单位的客观情况以及前任对某事的办理惯例等，都要不可避免地会涉及前任领导。这时候，回避是没有用的，但要能既圆满地解答了领导的提问，又能不伤其尊严和感情，这就需要一定的谈话技巧和审慎态度了。

对待这种情况，一个非常可行的办法就是：尽量多作客观的描述，少作甚至不作主观上的评论，以求达到“论事不论人”的效果。通过这种方法，你要给新任领导留下这样一个印象：对工作的了解，看待问题比较全面客观，愿意积极地帮助新任领导打开工作局面，具有忠诚于领导的良好品质。其是“客观描述法”的好处之所在，相信它定会使你给领导一个好的印象，即使是运用不熟练，也不至于让领导对你产生厌恶感。

事实上，虽然他们不愿说出来，但任何一个新任领导都是比较重视前任的经验和做法的。如果某些做法已形成惯例，他就没必要立异，只要沿袭旧制便可高枕无忧了。他也可能对其做些改动，以便更具有自己的风格，但其合理内核仍然会保留。从中国自古以来的领导传统来看，领导者们都是非常注重前任的。在许多朝代开国之初，比较英明的领导还喜欢与手下谋士共论前朝君主之得失。这种习惯在今天也不例外，只要不触及新任领导的权威便可。

所以，通过客观的描述以使得新任的领导能够有所借鉴，是我们对其忠心的最好表现，也有利于避免语出不慎引起领导的不快。

4. 不要轻易在新旧领导之间作比较

在谈论前任领导时，还应注意一个非常敏感的问题，即不要轻易在新旧领导之间作比较。

俗话说：有比较才有鉴别。比较会让领导感到被一种审视的目光注视、观察，同时也让他担心：我是不是有什么破绽和失误让他瞧出来了？在这种心理的作用下，如果说新任领导没有不快，心里至少也感到不舒服，多了几分猜疑。要知道，领导是最忌讳下属对自己品头论足的，下属说话稍有不慎，便会触动领导那条紧绷的神经。

另一方面，比较会使新任领导感到一丝隐隐的不安，他可能会认为下属的这种态度是领导权威尚未树立起来的表现。古人云：天无二日，人无二主。权力是最具有绝对性和惟一性的，它排斥第二个权威的存在。很难说下属的话就是句句周详圆润，表达不当就可能引起猜忌。前面我们所举的例子中，小张那句无心之语其实就包含着对新旧领导进行比较的含义，小牢骚引出了大麻烦，这真可谓是祸从口出。

有些时候，我们也可能不得不面对对新旧两位领导进行比较的问题。这里，告诉你一个秘诀，那就是：最好使用中性的词语，避免使用感情色彩过于强烈的词语。当然，在语气偏向上，你最好能在不动声色中使新任领导感到你对他的拥护和欣赏。比如说，你可这样说：“我觉得您与老领导的区别可归结为风格上的不同。老领导比较传统，比较持重，所以近几年单位里没出什么大的纰漏，但发展势头也不足。而您呢，是属于风风火火、雷厉风行、敢想敢干的那种领导，我相信您一定会使单位的工作出现新起色，新气象！”

第十一章

和同事亲密合作

同事是我们工作中相处时间最长的人，只有处理好同事之间的横向关系，才能有助于我们进一步协调上下级之间的纵向关系，所以我们一定要学会运用一定的心理策略和技巧，处理好与同事的关系。

不要炫耀自己的成就

在网上曾看过这么一个故事：为了了解疯子的生活状态，一个心理学教授到疯人院参观。在这里，教授可谓是大开眼界，这些人全是疯疯癫癫，行事出人意料，教授收获颇丰。

然而，就在教授准备返程时，却发现自己的车胎被人下掉了。“一定是哪个疯子干的！”教授这样愤愤地想，正准备拿备胎装上，却一下傻了眼，原来，下车胎的人把螺丝也下掉了。

教授一筹莫展。正在这时，一个疯子蹦蹦跳跳地走过来，发现了困境中的教授。于是，疯子停下来问发生了什么事。教授本不想理他，但出于礼貌还是把事情原委告诉了他。

疯子听后，哈哈大笑说：“我有办法！”他从每个轮胎上拧下一个螺丝，这样就拿到三个螺丝，然后，他很快地将备胎装了上去。教授既感激又惊讶，问道：“请问你是怎么想到这个办法的？”

疯子嘻嘻哈哈地笑道：“我是疯子，可我不是呆子啊！”

是呀，正如疯子不一定是呆子一样，在你身边，不爱言语的人不一定就口才不好；不爱表现的就不一定没有业绩值得炫耀。事实上，每个人都有他的长处，都有让他得意的地方。你身边的同事也是如此。因此，千万不要小看他们，更不要在他们面前表现你的优越。多多让他人表现自己的优越是与同事交往的一大智慧。

的确，办公室里，人人都希望能得到别人的认可与赞赏，都在不自觉地维护着自己的形象和尊严。如果某个人总是炫耀自己，言谈总是过分地显示出高人一等的优越感，那么无形之中是对其他人自尊和自信的一种挑战与轻视，排斥心理、乃至敌意也就不自觉地产生了。

处处炫耀自己，显示出高人一等的优越感恰恰是不少职场人士的习惯，也是他们难以赢得同事好感与友谊的重要原因。

几乎每个办公室都有这样的人。如果家中有钱，一开口就是今天我做了什么，礼拜天又做了什么，逛了什么商场，买了什么、吃了什么等等一大堆让他（她）得意的事情；如果家中有权，一张口就是我爸又怎么样了，我舅又怎么样了；如果在单位深得领导赏识，就总在同事跟前夸耀：某某领导对他（她）说了什么，某某领导又许诺他（她）什么。

这些人犯了一个共同的毛病：处处表现自己，处处显示自己的优越感。其实，妄自尊大，高看自己，小看别人，过分自负的人只会引起别人的反感，让人敬而远之，甚至厌而远之。

人性的一大弱点就是争强好胜，人们面对比自己优秀的人，常会增加心中的挫折感，也就自然而然地产生了反感。一个人，如果不善于隐藏自己的锋芒，工作上处处表现得干劲十足、能力超强，只能在无形中惹来嫉妒和猜忌："你行，你一人就能干好，那还要我们干什么？"

一名技术工程师被聘请到一家 IT 公司上班。公司除支付给他高薪外，还专门给他租了一套住房。不过，公司告诉他，因为担心其他同事为此心理不平衡，这一切是绝对保密的。

这名工程师经验丰富且有一个创新的头脑，待遇高且不说，还享有一些特权，开会时与老总平起平坐。每次开拓新项目，即使该项目不由他负责，老总也喜欢问问他的想法。

看着其他同事羡慕的眼光，工程师有很强的优越感。过了不久，由于虚荣心作怪，他把自己的特殊待遇告诉了关系最要好的同事。看着同事惊讶的表情，他感到了一种极大的满足。这种满足又促使他将这一秘密告诉了公司更多的同事。后来，他发现，同事们都逐渐疏远他。对他的工作安排，也不像以前那样积极配合了。他想，他们可能是妒忌自己吧，也并未放在心上。但是，让他没想到的是，企业的另外两名骨干跑到领导那，拿他作标准，提要求，弄得老总左右为难，为了不得罪公司其他人，只好解雇了这名工程师。

这样的故事在职场每天都在上演。它时时给人警示：不要在办公室里当众炫耀自己。如果自己的专业技术很过硬，如果你是办公室的核心人物，如果老板非常赏识你，你也不要得意忘形，反而更应该小心谨慎。尤其是在交谈中，你不仅不应该表现得比你的同事优越，你还应该制造机会，让他们表现得比你优越。

那么，如何在交谈中让同事表现得比你优越呢？

引导同事多说自个的成就，是让同事产生优越感的有效办法之一。

李女士在一家公司工作，很有人缘。不过，她刚到公司工作的时候，头几个月可不大受欢迎。

其实她的心地挺善良的，但同事们仍不喜欢她。因为她的自身条件比较好，出身于书香门第、毕业于名牌大学，高学历，人又好表现。与同事谈话，动不动就说我们××大学怎样，我家怎么怎么样，时间长了，大家只要听到她这样的开场白，全都扭过头去，不和她说话了。

时间长了，只有一位年纪稍长的同事还愿和她说说话。对此，她很是不解。出于好心，这位同事劝告她，在大家面前少谈论自己的出身和学历。这位同事还说，每个人都有自尊心，都有值得骄傲的地方。

她这才意识到自己的问题所在。此后，她开始少谈自己，而多听同事们说话。她发现，她的同事的确也有不少值得骄傲、得意的事情。她还发现，让他们说自己得意的事情，比听自己说更能令他们兴奋。

后来，只要大家在一起闲聊，李女士就主动问自己的同事，让他们多说。对于自己的事情，李女士尽量保持沉默，只在同事问起的时候，她才说说。即使要说，也非常注意把握分寸。

在与同事交谈时，故意显露自己笨拙的一面，也是让其产生优越感的一个有效办法。

有的人，思路敏捷，口若悬河，但一说话就令人反感，因为他太狂妄，太自以为是。凡事喜欢争论，一定要胜过别人才肯罢休的人是不可能赢得别人的好感的。事实上，虽然你在口头上胜过对方，但你损害了对方的尊严，他可能从此记恨在心，说不定有一天他就会用某种方式还你以颜色。

也许，你并不善于制造让他人表现自己的优越的机会。但至少，你可以在他人表现自己的优越之时，睁一只眼，闭一只眼。

“誉我则喜，毁我则怒”，本是人之常情。聪明的人知道，别人可以以毁誉加于我，我不可以毁誉加于人。

在办公室，总有一些喜欢吹牛的人，尤其是男性，在闲聊时，喜欢在同事面前炫耀自己知识面广，自诩什么都知道，其实大家都心知肚明，他知道的不过是点皮毛而已。如果你不了解这些，在某位吹牛大王吹得正欢时，打破砂窝地向对方发问，让对方露了馅。这样，不但扫了大家的兴趣，也让喜欢神“侃”的同事难堪。估计以后同事们再闲聊的时候，都会有意无意地避开你。因此，在与同事交谈时，给别人面子，不求事事明白，这样同事们才会乐意接纳你。

多关注同事的长处与成绩，制造机会让他们表现自己，对自己的成就轻描淡写。如果你能做到这些，你就能赢得更多的好感，就能成为办公室最受欢迎的人。

要学会给同事面子

常言道："人要脸，树要皮"，每一个人都很看重自己的面子，所以与人相处，最好不要去伤害别人的面子，应该尊重别人的面子。只有互相给面子，大家才会觉得彼此都有面子。在职场打拼，更应如此。

那么，面子究竟为何物，让中国人如此看重呢？有人说，面子是一项无形资产，其拥有者据此可以获得相应的名声与权益。与面子相连，常常会出现这样一种有趣的现象：如果一件事让某人在物质利益上吃了亏，却在精神上获得了相应的好处，即有了面子，那么这个人也会很高兴的。反之，如果他丢了面子，即使得到了物质上的好处，这个人也会大失所望。由此可见，给同事面子不仅有为自己预留面子的考虑，也是对同事精神需要的一种满足。

自古以来，国人们都好面子，现在，时代不同了，但是，人们爱面子的本性并没有改变。而且，随着社会的进步，人们好像越来越爱面子，在某些场合，面子所代表的就是人情世故的潜规则。

让我们来看看下面这个例子：沃恩每年都会受邀参加某单位的杂志评审工作，这个工作虽然报酬不多，但却是一项荣誉，很多人想参加却找不到门路，也有人只参加一两次，就再也没有机会参加了！沃恩年年有此"殊荣"，让大家都羡慕不已。

他在年届退休时，有人问他其中的奥秘，他微笑着向人们揭开谜底。

他说，他的专业眼光并不是关键，他的职位也不是重点。他之所以能年年被邀请，是因为他很会给别人"面子"。

他说，他在公开的评审会议上一定会把握一个原则：多称赞、鼓励，而少批评。但会议结束之后，他会找来杂志的编辑人员，私底下告诉他们编辑上的缺点。

因此，虽然杂志有先后名次，但每个人都保住了面子。也正是因为他顾虑到别人的面子，因此承办该项业务的人员和各杂志的编辑人员，都很尊敬他、喜欢他，当然每年都会找他当评审了！

听了沃恩的点拨，大家可能会觉得事情原来如此简单，其实不然，多数春风得意的人在有机会表现自己时，往往会犯自以为是的毛病，为了表现自己，他会对别人的工作大肆批评，仿佛那就是一个靶子，只有把它打得体无完肤才能证明自己的枪法是多么精准。可实际上，这种不给别人留面子的做法会使自己在不经意间失去面子。在处理同事之间的关系时更是如此。常言道："树要皮，人要脸。"有时候，人往往把自己的脸面看得比什么都重要。如果你不给同事留下余地，当你一不留神出现过失时，也会被同事打击得失去体面。相反，如果你给同事留下了面子，那么有朝一日你求他办事，他自然要"给你回个面子"。有来有往，在人情的帐户上，收支基本上是平衡的。

在另一个故事中，上述原则也得到了体现。一天晚上，海德太太拿电话账单给海德先生看："瞧瞧，儿子在我们去欧洲的时候，打了多少长途电话。"海德太太指着其中一项，"单单这一天，这一通，就打了一小时四十分钟。"

"什么？这还得了！"海德先生立刻准备上楼去批评儿子，可是，他才站起来，就又坐下了，海德想自己在气头上，还是不说为好，而且儿子这么大了，要说，也得有点儿技巧。

海德把话忍到第二天。中午吃饭的时候，他对儿子笑着说："你要回学校了，查一查资料，找一家长途费率最低的电话公司。"然后，又来个急转弯，"咳，其实你上博士班，恐怕也没有时间打，我是多操心了。"

“是啊，是啊。”儿子不好意思地说，“你是不是看到了我上个月的电话帐单？那阵子因为要回台湾，一大堆事急着联络，所以确实打多了。”吃完饭，海德很得意，觉得自己把要说的“省钱、少打电话、别误了功课”这些话，全换个方法说了，却没有一点儿不愉快。而在儿子方面，父亲的做法给足了自己面子，自己也理所当然地更加尊重父亲。

当然，我们所说的给面子，是建立在不违反原则和政策的基础之上的。在中国民间流传着这样一句话，叫做“死要面子，活受罪”。大意是说，我们中国人往往可以为了脸面而宁可自己吃亏。这样做，可能会使自己在周围的人中有“面子”！可是，在“面子”面前，你一定要三思而后行。以牺牲原则而得到的“面子”，只能使你获得暂时的满足。但是，因此造成的损失很可能使你失去更多的“面子”。

翻开一些贪官的案例，我们不难发现，这些官吏在位时，无不风光、显赫，在家人、朋友面前挣足了“面子”，结果怎么样？在贪欲的诱惑下，失去了原则的尺度，最后受到了法律的制裁、锒铛入狱、颜面尽失。因此，职场中，在知道给同事面子就是给自己面子的同时，心里应该有一杆秤，有一把衡量原则的尺度。

学会与讨厌的人共事

同事之间最容易形成利益关系，如果对一些小事不能正确对待，就容易形成沟壑。再加上性格等原因，所以你难免会有一些讨厌的同事。但是，职场的道路不可能一帆风顺，有起有落，有时你想避开你所讨厌的人却怎么也避不开，你甚至还要主动找上门，找讨厌的人帮忙处理事情。同样，你讨厌的同事也会因为公事来直接找你。你们还是要因为公事相互合作的。

对很多人来说，与自己讨厌的人合作，心里难免会有些小疙瘩，可能会处处针对对方，出现意见分歧的概率相对于和自己合得来的人要高，如此以来，你们的关系会进一步恶化。那么，如何才能化解职场中的讨厌情绪，以最佳状态进行工作呢？

解决的方法有很多种。其中最主要的还是自我检讨，尽量客观地看待问题。在看到别人身上的缺点时，也要检查自身是否存在问题，不要一味地将错误怪罪于别人；适当地进行自我反省，从自己身上下手，找出问题的出处，加以纠正，避免今后犯同样的错误；尝试着换位思考，站在对方的角度、立场看待问题，试着问自己如果是我是否也会这样做，尽量发现对方的优点；或是可以找共同的话题，逐渐拉近彼此的距离，而后加强沟通，进而慢慢消除讨厌的情绪，从而拥有健康的心理状态。

其实，但凡经常为人际关系所困扰的人，无非两个原因：一是性格内向，为人不够开朗乐观，自我保护意识强，自尊心膨胀，危机感过重，待人遇事总不往好处想，时刻处于防范状态，自己的强项不爱与人分享，自己的弱项往往会通过时间和事件逐渐形成心理障碍。二是心胸不够宽广，为人过于直率。心里、脸上容不下的人和事太多，久而久之讨厌的人越来越多，直至影响到自己的正常生活。

解决的方法有两个：一是调整心态，从自身的角度找原因，俗话说“大人额前能跑马，宰相肚里能撑船”，一个人有多大的胸怀就会有多大的成就，这话一点也不假，如果你能把天下人都当成自己的亲人和朋友，那么你肯定是朋友遍天下，怎会有讨厌的同事困扰你？二是懂得逆向思维，针对不同的情况调整不同的思维方式。即便是一个很不受你乃至大家欢迎的人身上也有很多值得你学习和借鉴的地方，古人云“三人行，必有我师焉”，如果我们用一双欣赏的眼睛去看任何人，那么你的身边便都是一些可爱的人，你的工作和生活也就充满了阳光和朝霞。

记住一点：你的眼睛就是一面镜子，你看的东西越为你所不容，这恰恰反映的就是你自己的心态。有谁会希望自己的天空乌云密布呢？所以，如果不想与讨厌的同事共事，最好的办法就是日常交往中，我们多加注意，建立融洽的同事关系。

以大局为重，多补台少拆台。对于同事的缺点如果平日里不当面指出，一与外单位人员接触时，就很容易对同事品头论足、挑毛病，甚至恶意攻击，影响同事的外在形象，长久下去，对自身形象也不利。同事之间由于工作关系而走在一起，就要有集体意识，以大局为重，形成利益共同体。特别是在与外单位人接触时，要形成“团队形象”的观念，多补台少拆台，不要为自身小利而害集体大利，最好“家丑不外扬”。

对待分歧，要求大同存小异。同事之间由于经历、立场等方面的差异，对同一个问题，往往会产生不同的看法，引起一些争论，一不小心就容易伤和气。因此，与同事有意见分歧时，一是不要过分争论。客观上，人接受新观点需要一个过程，主观上往往还伴有“好面子”、“好争强夺胜”心理，彼此之间谁也难服谁，此时如果过分争论，就容易激化矛盾而影响团结；二是不要一味“以和为贵”。即使涉及原则问题也不坚持、不争论，而是随波逐流，刻意掩盖矛盾。面对问题，特别是在发生分歧时要努力寻找共同点，争取求大同存小异。实在不能一致时，不妨冷处理，表明“我不能接受你们的观点，我保留我的意见”，让争论淡化，又不失自己的立场。

在发生矛盾时，要宽容忍让，学会道歉。同事之间经常会出现一些磕磕碰碰，如果不及时妥善处理，就会形成大矛盾。俗话讲，冤家宜解不宜结。在与同事发生矛盾时，要主动忍让，从自身找原因，换位为他人多想想，避免矛盾激化。如果已经形成矛盾，自己又的确不对，要放下面子，学会道歉，以诚心感人。退一步海阔天空，如有一方主动打破僵局，就会发现彼此之间并没有什么大不了的隔阂。

最后记住，不要轻易去讨厌一个人，哪怕你看不惯别人的所作所为。每个人都有自己的优缺点，人家也有人家的自由，不要把自己的观点强加给他人，不要让自己太狭隘，那样容易让自己让别人都不快乐。以一颗宽容之心待人，你会发现这个世界上没有那么多讨厌的人。

不要戴着有色眼镜看同事

人上一百，形形色色。由于出身背景，文化程度以及生活环境不同，每个人都有自己的观点、喜好与个性，你不能因为别人的观点与你不同就断定他人的好与坏，与人交往切不可戴着有色眼镜看人，尤其是同事之间的交往。据调查，在办公室里，大约要将60%以上的时间和精力用来处理各种复杂的人际关系。这就表明，能否较好地掌握协调人际关系的艺术往往是一个人能否成功的重要因素。同事之间关系的好坏直接关系到你的前途与利益，因此，你要尽可能地营造一个和谐的同事关系，不能让有色眼镜蒙蔽了自己的双眼。

办公室里人与人之间的关系，不管如何复杂，大体可以分为三类：一种是“如鱼得水”类，各方面都比较融洽；一种是“过得去”类，马马虎虎，平平和和，说长道短的不多，亲密的接触也不多；一种是“关系紧张”类，这类人位数不会很多，但不会比“如鱼得水”类的人数少，大多数的人是属于中间状态。在办公室里关系处理得好，同事之间和谐、融洽，自己工作起来也如鱼得水，自然精神愉快，乐趣盎然。关系处理不好，同事之间别别扭扭，上下左右疙疙瘩瘩，自己苦恼不堪，工作也显得没有光彩。

曾经有位心理学家做了一个非常巧妙的实验：实验人员让两组参加者向同一位女士打电话。告诉第一组说，对方是一个冷酷、呆板、枯燥、乏味的人。告诉第二组说，对方是一个热情、活泼、开朗、有趣的人。结果，发现后一组的参加者与那位女士交谈的很投机，通话时间也明显比前一组的参加者时间长。而前一组参加者与女士的交谈很难顺利地进行下去。出现这种情况的原因是显而易见的，你事先的想象或看法决定了你的交往方式，包括你的语言信息和非语言信息都会受到预先想象的影响。

王先生所在的公司有几个韩国人，而他曾经对韩国人很不以为然。有一次，经理分了一名叫朴恩哲的韩国人到王先生所在部门。交流中，朴恩哲似乎感到了什么，也就不说话了。事后，王先生开始寻找为什么不能与朴恩哲愉快地交流下去的原因，发觉自己对韩国人存在着一些看法，并认为所有的韩国人都这样。于是，遇到朴恩哲的时候，他的那些原先的看法使他用“有色眼镜”去看朴恩哲，这就影响了他与朴恩哲的正常交流，

“后来，我尽量站在一个客观的立场上与他交流，发现他谈吐风趣，自然大方。我们的交谈气氛也逐渐变得十分热烈。现在，我们已经成为了好朋友。”王先生说：“经过这件事后，我反思了以往失败的交往，发觉许多时候都是因为我事先对他人抱有消极的看法所造成的。”

奥地利著名的心理学家弗洛伊德的潜意识理论告诉我们，人的言行举止受无意识的态度、观念的影响和支配，这些未经意识过滤的态度、观念会通过微妙的途径传达到对方身上，从而成为未经验证的“事实”。试想，假如这些态度和观念是消极的、敌意的，会产生什么后果就可想而知了。

并且，在人际互动中，人们都有保持心理平衡的需要。你怎么看别人，别人就怎么看你；你怎么对待别人，别人就怎么对待你。否则，对方就会感到不平衡。所以如果你事先对他人有一些消极的看法，那么，这些看法势必会无意识地流露出来，表现在你的语言或非语言的信息上。而对

方觉察到你发出的信息后，也会做出相应的反应。

在办公室交往中，你对别人的态度和别人对你的态度事实上是一致的，甚至可以说是一样的。一位心理学家曾经说过，我们往往能够从别人的脸上读到自己的表情。这话深刻地揭示了人际交往中预期态度决定交往成败的心理根据。

同事之间相处，要想完全避免矛盾，避免人际纠纷，也是难以办到的。有些问题，由于人与人的思想观念、知识结构、生活经历不同，必然会产生不同的看法和意见，出现一些争执，甚至是争吵。而有的人是不善于隐瞒自己的观点的。事实上，也没有必要因意见、观点与他人不同而掩饰自己的真实感情，隐瞒自己的观点，如果让别人觉得你是在遮遮掩掩，反倒会给人留下虚假的印象。所以，回避矛盾，随便附和都是不妥当的。也许这些争论与争执，起因互不相同，但坦荡直率比虚假回避要好，比较容易使人与人之间达到互相了解、真心相交的目的。

英国作家萨克雷在他的著名小说《名利场》中，借女主人公爱米丽亚之口说道："世界是一面镜子，每个人都可以在里面看见自己的影子。你对它皱眉，它还你一副尖酸的嘴脸。你对着它笑，跟着它乐，它就是个高兴和善的伴侣。"这话用于我们对待同事的态度，不仅是形象的，也是很恰当的。因此，与同事交往时，切不可让主观臆断主裁了我们的看法，不可戴着有色眼镜去看待他人，我们要尽可能地坦诚关爱同事，并且能够运用一些正确的办法，相信是可以在人际关系中获得"如鱼得水"的效果的。

要懂得适时帮助同事

搞好同事关系，对一个职场人士而言是工作和生存的需要。同事之间要互爱互助，这样才能建立起合谐的同事关系。平常我们总说：“助人为乐”，但是在办公室战场上，怎样助人，才能真正成为乐趣，才能被双方接受呢？

同事之间要能同甘共苦。“今天如果不加班的话，工作是怎样也赶不完的！”假如有一位同事一边看表，一边叹气地说这些话时，你也许会说：“唉！真是够辛苦啦！要不要我来帮你忙啊！”若能对他这么说的话，那位加班同事的内心该多么感激啊！今天我帮你忙，明天也许变成你帮我忙了，这种情形在工作上也是经常发生的。

所以同事之间，在有困难之时应该互助，形成一个“合作网”。有这个合作网之后，当网内的任何一个同事必须加班时，突然来了一位客人，连茶都没人倒，当然也可以由合作网的同事代为倒茶，或是有困难时大家都一起来帮忙。但是身居合作网中，如果只管接受别人的服务，而不考虑帮助他人的话，这个合作网便马上会垮掉。因此，不要忘了“礼尚往来”这句话，这才是合作网得以形成并持续的秘诀！

此外，不要在同事背后飞短流长。喜欢说别人是非的人，也许正表示了他本人多少还有点不成熟，这种类型的谈话虽然可以发泄心中的苦闷，而且大家也都知道说别人坏话是很不好的行为，可是还是免不了要说一说别人的是非，然而经常说别人是非给对方听的人，有一天连对方都会成了他批评的对象，因此慢慢地大家都会对他敬而远之。

乐于帮助同事固然好，可以为你赢得“乐于助人”的名号，也可以让你成为同事间的大好人。然而，凡事要有度，你不能不分青红皂白地对所有同事的请求都一概接纳，有些忙是不能帮的。

谁都需要休息，要是你没有停下来喘息和“加油”的时间，对本身的工作肯定有坏处。其次，人是不能纵容的，长久做“好人”，人家是不懂珍惜的，即使说你可能是辛苦了自己，却吃力不讨好。所以你应该学习去拒绝别人。

当然不是叫你一反常态，只顾自己，而是请你预先分析一下，哪一件工作需要花多少时间，自己的能力和精力又可以承受多少工作。别以为自己是超人，没有人可以长期在巨大压力下工作的，请解放自己。

也许，你确实有剩余时间，不防“择人而助”，那就是研究一下哪种工作可以让你学到新技巧，或在人际关系上有好处。否则，请婉转地拒绝吧。

同事意欲另谋高就，且坦白向你要求作其介绍人。这位同事跟你颇为投契，甚至视你为“好友”，所以你总不应袖手旁观吧。

然而，在伸出援手之余，请注意自己的身份。

对工作不满意的，是你的同事，不是你，所以，你是绝对不值得为此给自己的工作造成坏影响的。即使插手，也得聪明点、理智点。

首先，同事仍服务于公司，你若给他介绍工作，等于跟公司作对，即使老板不怪你，要是有人拿此作话柄，在背后“捅你一刀”，多少对你是不利的。如果刚巧确有份工作十分适合这位同事，不妨考虑以下方法：请公司以外的第三者给同事作介绍人，这是两全其美之策了。

当然，若同事已离开公司，即已不是你的同事，以朋友身份向你求助，你就可以放开手脚去协助他了。因为没有了利害关系、同僚关系，许多问题都不会发生，你要伸出援手，对你和他都是有益无害了。

不知是什么原因，你的同事竟然在公在私均十分依赖你。“没有你，我真不知怎么办!”同事就常公开这样表示。千万别沾沾自喜，这绝不是一个好现象。试想，别人会怎样想？以为你控制他别有妙法！何况，同事永远不能“站起来”，对你或多或少是一种障碍，你俩只会一起停留在原职位。你实在有必要终止同事处处依赖你的情况。

若是言正厉色，或十分公式化，或公然向对方表示，你不会待他如过去那样的迁就，请他凡事自己决定和实行。这样，当然会弄巧成拙，对方一定以为你嫌他烦，或是要独自邀功，对你的好印象当即打折扣。

不妨婉转和间接一些。例如对方要求你照例伸出援手时，可以打趣地说：“其实这件事很简单，你一定可以应付自如的，被我的意见左右可能不妙。”这番话是间接在提醒他：一个成功人士，必须独立、自信。何况，这样说一点也不会损及大家的情谊。

你的同事在办公室整天忙着筹备婚礼事宜，他的那份工作想托你帮他代办，结果是你平白要多负上他的责任。

虽然你表示过：“我实在没有余力替你做工作”，但对方的态度却是：“你也将有同样的私事发生，到时我必尽力帮忙。”怎么办呢?

不错，同事间是有义务在紧要关头兼做他的工作的。但结婚却不是紧急事，而且大多数上司们是不会同情只关心做私事的下属的。不妨这样推掉对方的要求：“你打算怎样处理那份报告书？我手头上还有三个计划书，恐怕在未来几个礼拜都无法腾出时间帮你了。”切记不要强调你将不会伸出援手，而是将责任交回他手上，令他不要误会有你作后盾。要是对方以将来代你工作为交换，可以提议对方先向上司请示，这样等于避免了直接下决定。

你如与对方讨论，千万别显得愤怒，只说：“你准备怎样去进行工作，那可以完成任务吗?”这样，就能将对方的注意力转移到工作上，又不会损害到双方的良好关系。

遇上有同事向你借钱，应该怎么办？请先观察情况，此人是否带有经济拮据的情形？是否能如期还钱？还有，他在同事间的信誉是否良好？

要是答案全是否，大概这位同事确是有燃眉之急，作为朋友，帮上一个忙是应该的，而且你不必多方追问，只要伸出援手，并安慰道；“不必忧心，我的能力可以应付，你尽管办你的事吧！”

如果答案刚好相反，此人则是不知自爱，起码也是理财无方，值不值得帮忙，就要看你与他的交情了。

他是你同部门的同事，而且与你十分熟悉，看来谁也推不掉，那么，你只有“酌量”帮忙，而治本之法是一方面多规劝老友要小心理财，另一方面实行“装穷”，希望对方转移目标。

如果对方是别的部门的同事，那就容易多了，因为接触较少，不必尴尬，不妨婉转回绝：“对不起，我每月都有自己的经济预算，恐怕帮不上忙。”

不要抢占同事的功劳

身在职场，应该具有积极、主动、进取的精神，凡事皆要奋力拼争，尤其在竞争激烈的现代社会，更应该提倡争的精神，要在工作上争一流，事业上争上游，群体中争先进；要敢于到市场上去竞争，职场上去拼争，战场上去抗争，争出英雄豪气来；要争分夺秒，只争朝夕，在有限的生命里多做一些有益的工作。

有竞争精神固然是好事，但职场让有些东西还是不能争的，比如功劳。不是自己的功劳，就不要去抢，不管别人知不知道，抢别人的功劳总不是成功的捷径。从贪不贪、是否占别人功劳这一点上，可以看出一个人的职业道德品质。

何小姐是总经理助理，庄先生是公司销售总监。年末行业有一个重要会议，要这个公司拟定一个章程。庄先生就要何小姐去写那个章程，何小姐认真完成了。会议那天，章程由庄先生讲解，然后征求客户的意见，庄先生在会上透露出这个章程是自己写的，丝毫没有提到何小姐。按道理，何小姐是总经理助理，只需要接受总经理的指令，现在这么看来，庄先生不仅要她做事了，还丝毫不提她的功劳。何小姐是对总经理直接负责的，写这个章程她可以说是帮忙，庄先生应该感谢她才是，而这样把何小姐的辛劳说成他自己的付出，就有些不道德了，如果下次庄先生还让她做事，相信何小姐十有八九会拒绝他。

像庄先生这样的人，时间久了，肯定处理不好与同事之间的关系，因为他过于计较自己的利益，老是争“好处”，时间长了难免惹起同事们的反感，无法得到大家的尊重。而这些东西未必能带给他多少好处，反而弄得他不仅身心疲惫，而且失去了良好的人际关系，可谓得不偿失。

如果对那些细小的、不大影响自己前程的好处，就多一些谦让。单位里分东西不够时少分些，一些荣誉称号多让给即将退休的老同事，与其他人共同分享一笔奖金或是一项殊荣等等，这种豁达的处世态度无疑会赢得人们的好感，也会增添自己的人格魅力，会带来更多的“回报”，俗语所说的“吃小亏占大便宜”从一定程度上说明了这个道理。

而这里所说的“让”即仁义礼智信、温良恭俭让，是中国传统德道中极力推崇的。国人历来有“让”的美德，礼让、谦让、辞让，能让出风格，让出境界。

明武宗时，衰壕造反，王守仁平定了衰壕之乱，逮捕了衰壕，把他囚禁在留都。宦官派人诱骗王守仁放衰壕回江西，等皇帝亲征时再把他擒获。王守仁指责宦官的这一行为。宦官害怕，这件事也就不了了之。

江彬等人也嫉妒王守仁的功劳，散布流言飞语，说王守仁与衰壕同谋，听说朝廷的大军出征后，才把衰壕逮捕，以开脱自己。王守仁想：一些奸诈的人处心积虑地要达到个人目的，但是如果把衰壕放掉，难免被人抓住把柄。假如不听朝廷的旨意，而对抗他们，白白引起那些人的怨怒。谋变在于应变。他思来想去，就把衰壕交给了总督张永，让张永再上表告捷，把捉衰壕的功劳归于总督军门，要求皇上不要再到江西去。王守仁为防不测，称病在净慈寺养病。

张永回到京城，在皇帝面前极力称赞王守仁的忠诚，以及他让功的做法。皇帝悟清了是非，制止了对王守仁的诽谤。众人的怀恨和不满，必定产生祸害，王守仁让功避祸棋高一着啊！

当今社会，许多德高权重的老领导主动把职位让给年轻人，扶上马送一程；在平凡的工作岗位上许多普通人把方便让给别人，把困难留给自己；在硝烟弥漫的战场上不少人把生的希望让给别人，把死的危险留给自己，谱写了一曲曲壮美的赞歌。这样的让是高尚的，令人敬佩的。但并不是人人都能处理好争与让的问题，有的人争名于朝、争利于市，争权夺利、明争暗斗；有的人争名分、争待遇、争职务，不择手段、不齿于人，失去了做人应有的风范。

“让”也应该积极地、理性地让，不能放弃正义和原则，如果一味消极避让，好人主义成风，该反对的不反对，该斗争的不斗争，一个团队就会失去坚强的凝聚力和战斗力。对于每一名优秀的员工来说，都应该以健康、积极、豁达的心态来对待争与让，该争的努力去争，该让的诚恳谦让，争要争得轰轰烈烈、光明磊落，让要让得实实在在、诚心诚意，通过争，激发活力，创造优异的成绩，通过让，弘扬美德，营造温馨和谐的人际关系。

第十二章

让下属心服口服

在工作中，能否巧妙地利用好下属，让他们全力以赴地完成工作任务，对我们的发展有着重要意义。所以我们一定要处理好与下属的关系，激发他们的无限潜能，充分调动起他们的热情和干劲为我们做事情。

懂得恩威并施

如何与下属搞好关系，让他们更加积极主动地工作，是每一个管理者都无法回避的问题。管理下属是一门学问，一门艺术，不能太严，也不能太宽，对下属太严，就会引起他们的反抗，对下属太宽，又不利于管理。所以对待下属，应该恩威并施、宽严相济。

每一个管理者都应具备一颗慈母般的心，多多地去关心爱护自己的下属。因为，他们是你的同路人，甚至是你的依靠。而且，也只有如此，才能团结他们，共达目标。

美国威基麦迪公司老板查里·爱伦当选为1995年美国最佳老板。他是靠什么当选的呢？一是他每年都在美国风光宜人的加勒比海或夏威夷召开年度销售会议；二是他非常关心员工的疾苦，能认真听取公司员工诉说，让员工在工作之余充分享受悠闲的假期。一旦员工家中有什么事情，他会给予帮助。由于他能与员工同呼吸、共命运，因而深受员工的爱戴。顾客们到他的公司后，看到公司员工一个个心情愉快，对公司也产生了信任感，所以公司效益一直很好。

日本的和田企业创造了一个积极、愉快、向上的内部环境，主要采用爱顾客首先要爱员工的方法。20世纪50年代末，八百伴拟贷款2000万日元为员工盖宿舍楼，银行以员工建房不能创效益为由一口回绝。

但是和田夫妇以爱护员工、员工才能努力为八百伴创利的理由说服银行，终于建起了当时日本第一流的员工宿舍。

那些远离父母过集体生活的单身员工，吃饭爱凑合，和田加津总像慈母一样，每周亲自制定菜谱，为员工做出香喷可口的饭菜。

在婚姻上，也像关心自己的孩子一样关心他们，她先后为97名员工做媒，其中有一大半双职工都是八百伴员工。

5月份的“母亲节”，和田加津专门为单身员工的父母准备了鸳鸯筷和装筷匣。当员工家长在“母亲节”收到孩子寄来的礼物后，不仅给他们的孩子，也给公司发信感谢。一些员工边哭边说：“父母高兴极了！我知道了，孝敬父母，父母虽然高兴，但是只有让父母高兴，做子女的才最高兴。”

为了加强对员工的教育，除每天班前会之外，公司每月还定时进行一次实务教育。实务教育中的精神教育包括创业精神、忠孝精神、奉献精神等。和田清楚孝敬父母是与别人和睦相处的基础，把对父母的诚心变成服从上司的领导。正因为能孝敬父母，所以能尊敬上司。所以他总是教育员工要尊重、热爱自己的父母。

对待下属只有慈爱不行，那样只会宠坏了员工，慈的同时还必须严厉，这种严厉基于人类的基本特性而来。一部分人不需要别人的监督和责骂，就能自觉地做好工作，严守制度，不出差错。但是大多数的人都是好逸恶劳，喜欢挑轻松的工作，捡便宜的事情，只有别人在后头常常督促，给他压力，才会谨慎做事的。对于这种人，就只能是严加管教，一刻不放松了。

当然，经营者在管理上宽严得体是非常重要的。在原则和制度面前，应该分毫不让，严厉无比；对于那些违犯了条规的，就应该举起钟馗剑，狠狠砍下，绝不姑息。平时应以温和、商讨的方式引导部属自觉自发地做事。当部属犯错误的时候，则要立刻给予严厉的纠正，并进一步地积极引导他走向正确的路子，绝不可敷衍了事。所以，一个上司如果对部属纵容过度，工作场所的秩序就无法维持，也培养不出好人才。换言之，要形成让职工敬畏主任、主任敬畏部长、部长敬畏社会大众的氛围。人人能严以律己，才能建立完整的工作制度，工作也才能顺利进展。如果太照顾人情世故，反而会造成社会的缺陷。

“无论用人或训练人才，都要一手如钟馗执剑，另一手却温和如慈母，做到宽严得体，才能得到部属的崇敬。”这是松下的管理经验。

当员工的工作表现逐渐恶化之时，敏感的主管必须寻找发生这个现象的原因，如果不是有关工作的因素造成的，那么很可能是员工的私人问题在打扰他的工作。有些主管对这种现象不是采取“这不是我的责任”而忽视它，就是义正辞严地告诫员工振作起来，否则自己卷铺盖走人。

无论如何，如果主管希望员工关心公司，那么，管理者首先关心员工的问题，包括他的私人问题。因此，上述处理的方式可以说轻而易举，但却无法改善员工的表现。比较合理的方法应该是与员工讨论，设法协助他面对问题、处理问题，进而改善工作成效。

在心理学上有一种“回报心理”，当你给予某人某些关怀和帮助的时候，他就会记在心里，事后就会用另一种方式回报你。管理者通常用这种关心员工的方式，以求得员工的努力工作、用心为公司效劳。从某种意义上说，这也是一种管理员工的心理策略。

学会收买人心

孟子说过：“天时不如地利，地利不如人和”。“人和”即众望所归，人心所向，它是一个人取得成功的最重要因素。领导者应该懂得，下属的支持和拥护是领导顺利开展工作的坚强后盾。作为一位领导，想要成为下属真心尊重和爱戴的人，必须学会用感情拴住下属的心。感情看似无形，却是一种无坚不摧的力量。它能够帮助领导战胜工作中的风险与挑战，顺利渡过难关；也可以帮助本部门形成一种积极向上、团结一心的风气。这对于保持本部门工作的稳定性、提高本部门的战斗力是十分重要和关键的。

《三国演义》中张飞这个形象，想必大家都不陌生。他与刘备结拜后，与刘备一起打江山，并在这个过程中立下赫赫战功。谁不知道在当阳长阪，张将军一声怒吼，就吓退了曹操的数十万大军。然而，就是这样一位一夫当关、万夫莫开的猛将，竟然会在酒醉之时，死于自己的部将之手。究其原因在于，张飞在平日里对手下人非打即骂，在饮酒之后，更是对鞭打部下习以为常。久而久之，再英武的将军也不会得到部下的尊重和爱戴。与之形成鲜明对照的是张飞的大哥刘备。有一句歇后语是这样说的：刘备摔阿斗，收买人心。说的就是刘备善于利用一切机会展示自己的亲民形象。刘备是成功的，尽管他本人并没有什么出类拔萃的雄才大略，但在他手下，却聚集了一批文能安邦，武能定国的臣子。这些人鞠躬尽瘁，尽心尽力地辅佐他，从不对他心生二心，一个重要的原因在于他礼贤下士，是一位很懂得用感情拴住下属之心的领导。

以感情拴住下属之心，最关键的一点就是，领导者必须在心里正视下属的重要作用，不要以为下属无关紧要。其实，就算是一个小卒子，如果运用得当，也一样可以达到将军的目的。因此，领导应该首先在感情上理解下属。至于下属究竟意味着什么，领导者不妨从下面这段特意摘录的文字中得到一些启示。

知道谁是下属：

那个默默无闻工作的人

那个欲言又止的人

那个对你只有些微期待却不断满足你期望的人

那个受了委屈还要自己不断调整心态的人

那个在你最困难时给你最无私踏实支持的人

那个在你被鲜花围绕时以你为荣的人

那个总是被你责难的人

……

感激下属的原因：

他是你的衣食父母

他是你所有缺陷的亲历者和包容者

他是你心态的调节阀

他是你创造与成就的基础

……

我们是这样对待下属的：

我们要下属诚实但在自己未知的领域前永远以专家自居

我们要求下属严于律己却不时享受着上司的例外特权

我们很严厉苛刻地要求下属还告诉他要保持好的心态

下属犯错误需要接受严厉的惩罚，而我们要求下属理解我们

如何与下属相处：

第一要真诚：萍水相逢能成知己只有依靠真诚，日日相对更加需要以心相待；

第二要宽容：海纳百川，有容乃大，不能包容下属的上司注定只是井底之蛙；

第三要分享：你的喜悦与所得要学会与下属无私分享；

第四要分担：分担下属的困难是解决自己的困难；

第五要持久：君子之交淡若水，小人之交甜如蜜，要懂得持久的可贵；

第六要发展：没有发展的上司没有忠诚的下属；没有发展的下属没有上司的未来；

第七要成熟：没有经历挫折的关系是脆弱的关系，经历挫折而放弃的关系是失败的关系，经历挫折而历久弥新的关系是成熟的关系。

只有清醒地认识到上述问题，领导者才能够做到尊重下属，并且了解下属的需要，在感情上与下属进行必要的沟通，进而得到下属的真心拥戴。否则，漠视下属的需要，只会使领导者自食恶果。

有些领导片面地认为，在经济社会中，只有金钱才是产生凝聚力的因素。其实，这样的想法是很庸俗的。对于很多人来说，他们除了物质上的追求，也非常重视精神上的满足。领导对下属的关心和爱护往往能让下属在精神上得到巨大的满足，这种满足感会让他们在一定程度上克制对物质享受的追求，从而把更多的心思投入到工作中去。

世界著名的摩托罗拉公司就是通过“肯定个人尊严”来保持企业的稳定性的。公司总裁每周都会发一封信给员工，把他这一周会见的客户、所做的事情告诉员工，包括他这周带孩子去钓鱼这样的事也会在信中与员工交谈。在这封信中，总裁不是以高高在上的口气与员工对话，而是以一个普通人的身分，把自身的经历、经验写给员工，信中还经常提出希望员工们多关心自己的家庭等。这种做法让所有的员工觉得自己受到了尊重。正因为如此，摩托罗拉公司得以稳定遍布全球的员工队伍，并反过来推动公司在这种氛围中获得稳定的发展。

综上，对下属给予尊重，实现领导与下属之间在感情上的交流。会使领导得到更多丰厚的回报，这其中还包括金钱买不到的信赖和忠诚。

懂得巧妙表扬下属

身为领导要善于激励下属，充分调动下属的工作积极性。而赞美和表扬下属则是一个最有效的激励方式，有些时候比用高额薪金和年终红包等物质奖励更能收服人心。从心理学的角度而言，人都是渴望得到社会认可和尊重的，如果领导能够恰如其分地赞美下属，就会让下属人心归附，对领导对公司产生情感归依。

毕业已有三年的小钟最近总是神采飞扬，情绪颇佳，谈到新公司的老板，更是赞赏不已，他说公司在创业的时候工资不高，但老板却有神奇的本领，他平易近人，没有一点架子，最会夸奖人，令属下员工心情舒畅，自信心大增，积极性高涨，甘效犬马之劳。

小钟在工作中之所以积极性高涨，情绪高扬，主要原因还是折服在老板的夸奖中，有一种受重用的感觉。的确，在现代社会，要想让员工尽心竭力为公司服务，金钱奖励是一种办法，但收服人心，善于表扬，常会收到意想不到的效果。但赞美也要讲技巧，当赞美方式及时而巧妙时，往往能让下属的心情畅快、干劲十足。领导在赞美下属时，要注意以下几点：

一是赞人要快。员工某项工作做得好，老板应及时夸奖，如果拖延数周，时过境迁，迟到的表扬已失去了原有的味道，再也不会令人兴奋与激动，夸奖就失去了意义。

二是赞人要诚恳。避免空洞、刻板的公式化的夸奖，或不带任何感情的机械性话语，放之员工而皆准令人有言不由衷之感。

三是赞人要具体。表扬他人最好是就事论事，哪件事做得好，什么地方值得赞扬，说得具体，知微见著，才能使受夸奖者高兴，便于引起感情的共鸣。

四是赞人不要又奖又罚。作为上司，一般的夸奖似乎很像工作总结，先表扬，然后是但是、当然一类的转折词。这样的辩证、全面，很可能使原有的夸奖失去了作用。应当将表扬、批评分开，不要混为一谈，事后寻找合适的机会再批评可能效果最佳。

心理学家杰斯莱尔说："赞扬就像温暖人们心灵的阳光，我们的成长离不开它。"所以，作为领导若想笼住下属的心，千万不要吝啬自己的赞美。

巧妙应对下属的抱怨

在与下属交往相处当中，难免会听到一些下属为了工作、为了薪水或其他某些事情而发的报怨与牢骚。身为领导者，当你在面对下属的牢骚、怨气的时候，该怎么办呢？要想真正地解决问题、化解下属的抱怨情绪，领导者就要保持冷静的态度深入分析问题的实质，准确把握下属的心理，然后给予答复。如果下属的牢骚话有一定道理，管理者应引起重视；如果下属的牢骚话纯属争一己私利，发泄个人怨气，管理者也应做好疏导说服工作，不可听之任之。那么当下属发牢骚时，管理者具体该怎样做呢？

首先要注意冷处理，用缓兵之计查明实情。下属有怨气、发牢骚时，往往处在情绪冲动中，此时较好的方法是采用冷处理的策略。这是一种缓兵之计，可以暂时缓冲矛盾，赢得时间了解实际情况，寻求解决问题的方法。

某局老职工张某在年终评比后找到该局杨局长发牢骚。他情绪激动地说："我们这些人只会老老实实凭良心干工作，不会表功。可是局里评先进也不能总是评那几个'荣誉专业户'，我们这些老职工难道就不先进了吗？"杨局长给老张倒了一杯茶，说："老张，您的心情我完全理解。等我了解一下情况一定给您满意的答复。"老张见杨局长这样说话，气消了一些，坐下来，心平气和地谈了他的看法，同时汇报了他一年来的工作情况。老张干的工作有一些确实是局领导不知道的。后来，杨局长通过调查了解证明属实，把情况提交局领导会议研究。最后，决定追加老张为先进工作者，妥善地解决了这件事。

其次要注意用两分法看问题，辩证剖析，弄清问题的症结。发牢骚的下属看问题的立足点往往只在自身，缺乏全局观念，可能比较片面、偏激。对他们进行说服，应该运用两分法，剖析辩证关系，辨明是非，全面地看问题，帮助他们正确认识自己，正确对待别人，从而打开他们的心结。

某实验室的一位管理员刘某，在专业技术人员年度考评中没有评为“优秀”，心里不服气。他找到校长孙某发牢骚说：“我一年来按时上班，风雨无阻，为教师准备实验从未出过差错。我管理的实验室一尘不染，实验用品陈列整齐，为什么我就不能被评为‘优秀’?”孙校长耐心地解释道：“不错，您确实是一个尽职尽责的好同志，出勤好，履行实验员的岗位职责也到位。按学校的规定，您可以得到全勤奖金和实验员的岗位津贴。但是，专业技术人员评优，还要看在专业领域是否有建树。评上优秀的几位同志，在这方面都做得好。如果来年您在这方面再努一点力，我认为您还是很有希望的。”孙校长的一番话，说得刘某心服口服。孙校长很好地用了两分法，既讲明了实际情况，又化解了下属的怨气。

再次是巧用激将法，反弹琵琶促奋进。请将不如激将。有时对发牢骚的下属，不妨运用激将法，有目的地用反话刺激对方，使对方从自我压抑中解脱出来，并激发他的上进心、荣誉感和奋发精神，从而达到新的心理平衡。

某公司办公室秘书小王具有大专学历，每当他看到那些学历不高的人发了财，心里就很不服气。一天，他向该公司江总发牢骚说：“现在的社会，学历低、胆子大的人挣大钱；学历高、胆子小的人挣不了几个钱。”言下之意是埋怨待遇太低。对此，江总说：“现在的社会讲究真才实学，学历高的人不一定能力强，能力强的人也不一定学历就高。别人有出息，不要不服气，有本事你给我露两手瞧瞧。咱们公司下属有几家企业处于亏损状态，正缺有能力的厂长、经理。你敢不敢立军令状，下去把企业搞活，如果达到既定目标，公司一定重奖你！”这话对小王的触动很大，他想自己好歹是正规大学毕业的，与其整天窝在办公室里无所事事，倒不如下去大干一番。于是，他真的要求下企业当了厂长。后来，经过他的努力使企业扭亏为盈。

总之，对于下属的抱怨，明智的领导要以准确把握下属的心理为前提，运用好心理策略，通过各种技巧妥善化解。

杜绝“马屁精”

在日常生活中，溜须拍马的事情随处可见，大多数人都会时不时地拍拍他人的“马屁”，也会时不时地被他人拍了“马屁”，这都是很正常的事情。

“拍马屁”与“被拍马屁”，本来也没有什么太多的坏处，大可不必过于在意。然而对于领导而言，对于“被拍马屁”这件事还是应该多注意才是，尤其不能对“拍马屁”者大开绿灯。

在日常生活中，就有那么一帮人，专以“拍马屁”为生，而且他们还具备了一定的技能，拍起“马屁”来不显山、不露水，让你浑然不觉，不知不觉中就上了他的当，最终受害的还是你自己。

而且，也确有不少被奉承得昏了头脑的领导，把升迁的制度变成了党派之分：谁对他毕恭毕敬、阿谀奉承，就等于佩服他，因而他就对这种人恩宠有加，大加赞赏和关爱。无疑，这种“领导人风范”更助长了阿谀之风的盛行。

但是，明智的领导则不会这样做，他不会中这个圈套，也许反而会对喜欢拍马奉承的那些下属感到十分鄙视和厌恶。而你自己，首先应当保持一个清醒的头脑。哪些是实事求是的评价之辞，哪些又是阿谀奉承之辞；在阿谀奉承之中，哪些人是出于真心而稍稍过分地赞美几句，哪些人又是企图通过奉承领导而达到自己的某种目的；哪些奉承之辞中含有可吸取的内容，哪些奉承话都是凭空捏造、子虚乌有；等等，诸如此类。对于这些绝对不能糊涂。

对于实事求是的评价，要认真听、认真记，并注意在以后的工作中继续保持。赢得下属信任的同时，也会对单位发展起到良好的促进作用。

对于出于真心而稍稍过分的赞美，不妨一笑了之，抑或谦虚一下。让员工在真心赞美你能力的同时，也认识到你的正直。这样，岂不是更有助于你赢得下属的信任和尊重吗？要利用这些好机会进行心与心之间真诚的交流，不能把员工看做是只能向你汇报工作的下属。在这种会心的交流中，你的才华得到员工的进一步认可，可以促使你更加充满自信地进行工作。

当然，听到那些企图通过奉承领导而达到自己的某种目的的奉承话，你可要十分小心了。你要注意从这些话相反的方向去想，做到逆向思维。千万不能为某种假象所迷惑，要始终保持自己清醒的、独立思考问题的头脑。要是听到一些奉承之辞之中尚有可吸收的内容，不妨放宽一点，把其中“精华”尽归我有，“糟粕”一概剔除。

诚然，划定其中的“精华”与“糟粕”也并非易事。你尽可以多分析分析、多比较比较，也可以听听其他人的意见，做到集思广益，有效地完成自己的工作。

最后，如果你听到的那些奉承话全属凭空捏造、子虚乌有，那么倒也简单，根本不听、不记——左耳朵进、右耳朵出就是了。千万别犹豫，不能让这些言语在大脑中停留一刻一秒，否则后患无穷。

另外，你也应该教育你的员工，不要认为别人“拍马屁”，你也要跟着拍。须知，随波逐流是无法突出个人才能的。在别的事情上是这个道理，在“拍马屁”这件事上同样如此。

领导要赢得下属的信任，对溜须拍马必须做到心领神会，首先要保持一颗清醒的头脑，其次要采取相应的措施。二者缺一不可。

当然，对于“拍马屁”这件事，杜绝了当然是最好。

学会管理老上级

当我们走马上任时，应该如何对待那些曾经教育过我们、帮助过我们的老上级呢？这些老上级以前管着我们，如今又不得不听命于我们，他们的身份真可谓特殊，不能和普通下属一样对待，那么我们该怎么管理他们？他们会嫉恨我们吗？会不会说我们“翻旧账”、“忘恩负义！”别人会怎么想、怎么说？这一连串的问题尽管令我们很苦恼，但我们又不得不考虑。管理这些人的关键是要适当地协调情与理之间的比重。中国自古以来就是一个注重感情的国家，常常出现“情大于法”“法外施恩”的例子。道理上身为领导者应该完全有权力调动员工照自己的意图为公司服务，但在感情上我们曾是他们的部下，所以应该对他们的意见给予格外的尊重。在意见一致的情况下，这个还容易解决，可是当出现隔阂，对同一问题的看法有分歧的时候，是听我们的还是听他们的？这就是最令人头疼的问题。

下面提供一些意见，帮助把握处理问题的火候。

1. 对他们做到十足尊重

无论怎么样，请做到对老上级的足够尊重，即使是在他们欠妥的情况下，我们也必须忍耐。尽量保持心平气和的态度，不要因为自己一时按捺不住情绪而最后追悔莫及。他们以前是领导，即使出现了特别严重的情况，我们也要以最留面子的方式予以提醒。例如温和地说："您曾经是我的领导，你的意见我会仔细考虑，但是我想您一定可以理解我的难处，体谅我工作中的失误!"

2. 与他们保持一定的联系

因为他们曾经官居高位，他们那是有许多经验可以供我们借鉴。工作上，不妨向他们多多请教，毕竟"姜还是老的辣"，对于他们的意见，要仔细斟酌，要想否定他们的意见，就一定要拿出十分可信的理由来，否则固执的他们也绝对不会接受。

生活中，也可以与他们保持一定的私交。周末陪着他们出去钓钓鱼、聊聊天，也算是表示一下你对他们的关心，同时联络一下感情，让他们感觉到我们仍是一如既往地尊敬他们，这会让他们感觉更加欣慰一些。

3. 把握原则，陈述对立意见

管理老上级，一定要注意方法方式，尤其是在双方争论问题的时候，更要注意分寸，不要摆官架子。但这并不意味着我们一定要遵从于他们的意见，相反，我们在充分掌握了正当理由之后，应该据理力争，对原则性问题丝毫不让步，并要有耐心有信心说服他们服从命令。因为毕竟我们是领导，也是最终的责任承担者，理应有权支配整个事态的发展并享有最终决定权，这就是"理性大于情感"的时候。

4. 以大局利益为出发点

一位教授作过一项调查，被调查的75家企业均为初创时相当成功而传到第二代的时候却没落了。原因有二：

(1) 老爷子们在身心都不能再担当重任的时候仍然不能主动退位，或即使退了位仍在公司中颐指气使。

(2) 第二代年轻人怯于提出任何让位要求，恐怕受到打击和遭到别人的唾骂，最终使企业倒闭。实际上，报答原上级最好的方法，是继承他的意志，发展公司业务；对于他个人也可以用额外的方式来表示尊敬和重视。所以在某些极端情况下，当我们和领导们关系处得十分不融洽，并已经严重地阻碍部门业务的时候，就要认真考虑一下，为了公司的利益是否要做些什么了。

第十三章

让客户满意放心

在和客户交往中，我们不妨多从细节出发，察看对方的弱点和软肋，并投其所好，多站在客户的立场上去考虑问题。只有抓住客户的心理，制定合理的应对策略，我们才能成功地获取客户的信赖与支持。

学会洞悉客户的心理变化

在向客户推销商品时一定要了解客户的心理，尽可能地抓住客户微小的心理变化以促成交易。让我们先来看一个事例：

一个销售人员与客户分享一件很不错的商品，讲得口干舌燥，这时这个客户也认同了这件商品，心想“买下它吧”，但是这样销售人员根本感觉不到客户的这种心态，仍然在滔滔不绝地讲自己的商品是如何好。在这个时候，客户开始不耐烦，最终对销售人员产生了反感的情绪，交易因此而终止。

对于这位销售人员来说，当客户出现“买下它吧”的想法时，就是促成时机，如果销售人员抓不住，机会就稍纵即逝。人通常在作一个决定时，心理上和行为上都会发生一些变化，只有抓住这些细小的变化，才能控制整个销售局面。

一般来说，客户的心理变化会反映在他的行为和言语上。比如，沉默不语、不时地叹气、询问价格及付款方式等。当你看到客户的这些行为发生变化时，你就要立即表示促成的意愿。一般来讲，客户的情绪波动会维持在 30 秒内，千万不可错过这个时间。

上面这个例子是告诉我们，在与客户交往的时候要学会解读顾客的心理，更要在交谈的过程中，每一次开口之前都读一下对方的心里是怎么想的。因为客户的心理活动既是认识不断变化的过程，也是情感不断变化的过程，我们要跟随这个变化过程不断调整策略。我们要从掌握客户的心理着手，先将心比心把自己放到客户的位置上，以同理心想想如何在每一个环扣中让客户有宾至如归的愉快经验并促成交易：

来者都是客，不可以貌取人，不要瞧不起一些客户，我们许多人容易以外表及年龄来判断客户的需求，先入为主地认为他们买不起就敷衍以对或自动过滤掉一些潜在客户。事实上，这些外表看不出有购买欲望的客户在面对其他对手的行销人员时也会有同样被冷落的境遇，聪明的行销人员只要礼遇他们以热情，就会有成交的机会。

先听后说，不要急着推销商品。听与说其实是一种沟通地位的象征，说的人因主动地发出信息，地位较高，反之听的人是被动地接受信息，相对地位较低。有人总是从自我出发，只专注在自己产品销售的角度，误以为单凭专业就可以让客户服帖，其实说得多听得少的结果，就是很容易作出错误的判断，无形之中也会给客户高姿态的感觉，不利于销售环境的营造。尤其是对于那些主动上门的客户，他们通常都会事先做好功课，只会针对未能理清的疑义进行了解，此时你不要急着推销商品，也不可忙着打断客户的话，否则只会让主动掏腰包的客户跑掉。

切忌绕圈子，讲不到重点。客户给你的时间相当有限，所以需要把握千载难逢的机会讲出重点，讲得太复杂或绕圈子反而容易让客户更加糊涂、踌躇不前，其结果就是不想购买。除此之外，讲得越多犯错的机会也跟着增多，尤其对于为何选择向你购买而不找其他人购买的理由，更须以重点条陈的方式说明得具体有力且具差异性，让客户觉得你很特别。

先说出商品好处，再提供具体的理由与证据。光说出商品的轻薄短小、经济实惠及身份地位的表征等好处是不够的，更需要有具体的证据来支撑，商品销售实绩、市占率、单位所做的客户满意度调查数据以及商品得奖记录等，具体的理由与证据提供得越多，越容易让客户觉得你很特别。

根据客户需求提出不同选项。根据客户的需求先提供至少两种以上的建议选项并比较彼此之间的优缺点，然后再提出推荐的理由，最后再将商品选择权交还给客户。如果客户挑选的商品与你不一致时千万不可与客户争辩，就算你赢了也会同时失去客户。

诚实的价格与方便的付款条件。客户最怕吃亏上当，既然选定商品对于价格当然更加在乎，当商品没有议价的空间时，你就必须提供非价格的个人服务条件，让他们开心、放心。

少用强销手法，避免造成客户的压力。以过多的人情来达成销售是客户无法承受的重负，过于仰赖强销的手法会形成一种恶性循环的销售习惯，我们要让客户在一种自然舒服的氛围下作出决定，千万不可揠苗助长，造成反弹。

在与客户交往中，要尽量给客户注输积极的情感，这样才能增客户购买欲望，促发其购买行为；消极的情感则会阻碍或改变人的行动，使人形成对事物的恶劣印象。如果消费者处于消极的情感时，就会放弃购买打算，甚至会长期不使用某种商品或不进某家商店。因此，在与客户交谈的过程中，要洞悉客户的心理变化，采取有效的方法激发和强化消费者的积极情感，抑制和化解其消极情感，对我们的工作进展有重要意义。

把握客户的折中心理

有人说："做销售，就是做心理。"这话一点不假，只有懂得了客户的心理，才能满足客户的心理需求，才能促成交易的顺利进行。

生活中，我们每个人都充当过顾客、客户这一角色，都知道客户在购买东西时心里都是犹豫不决的。这不仅使得整个交易时间大大延长，而且还会令一些不明就里的销售人员不知所措。一些销售人员因此而埋怨客户，认为客户过于优柔寡断，患得患失。其实，如果站在客户的立场上考虑，他们的犹豫不决是有多方面原因的。假设，现在你需要购买某种产品，那你肯定要首先考虑这种产品是否能够更好地满足你的需求；之后，你还会考虑产品的质量是否有保证、使用期限等，产品的价格当然也在你的重点考虑范围之内。只有在你确定各方面的条件都比较满意的情况下，才会作出购买决定。

就如同销售人员期望中的目标不是总能实现一样，客户在购买产品时也会因为受到各种条件的局限而无法购买到完全称心如意的产品。比如，质量满意的产品价格太高，颜色漂亮的衣服款式陈旧，价格适中的东西使用周期太短，等等。

当自己期望中的条件不可能全部实现的时候，客户就要在心里进行一番权衡，希望利用现有的条件使自己买到物有所值而又尽可能地满足自身需求的产品。对于客户的这种权衡心理，销售人员不仅要深刻理解，而且要根据他们的这种心理帮助他们作出决定。

既然客户需要针对产品的各种条件进行一番权衡，那他们在购买产品时当然希望自己能够拥有一定的选择空间，如果没有一定的选择空间，即使销售人员提供的产品符合他们的要求，他们也可能会到选择空间更大的商家那里去。这种购物特点在女性客户身上表现得尤其明显。例如：

一对夫妻走进一家房地产公司的售楼处，他们打算购买一套80平方米以上、南北朝向并且拥有大客厅的房子，当然其他房间的格局也要符合他们的生活需要。接待他们的销售代表是一位年轻的小伙子，他将这对夫妻带到了售楼处的沙盘旁边，开始向他们介绍小区周边及内部的大致情况。当他介绍到“小区会所设备齐全，周边拥有正规的中小学校和大医院……”时，“我想问一下，这个楼盘有几种户型，我可以看看户型图吗?”女客户打断了他的介绍。销售代表让这对夫妻到茶几边坐一会儿，然后拿来了几张户型图，同时他告诉这对夫妻：“小区的销售情况比较好，现在只剩下十几套房子没有卖出去了，而且这十几套都属于一种户型。”

听到这话，女客户疑惑地和丈夫对视了一眼，然后问销售代表：“那是不是剩下的都是别人看不上的呀？”销售代表马上回答：“哦，不是这样的，其实这十几套房子恰恰是格局比较好的户型，只是因为一开始公司是将这一些房子给一位大客户预留的，后来这位大客户的资金周转出现问题，所以就留到最后卖了。”

女客户又问：“那这十几套房子都分布在哪儿？”

销售代表回答：“都分布在临街的这栋楼里，而且都是二层到四层，大多数客户都优先选择这几层，不是吗？”“可是这几层的价格也比较贵，对吗？”女客户又提出了异议，接着她又对丈夫说，“我想我们还是到其他地方再看看吧，这里根本就没有其他选择，也许我们会遇到更好的房子。”说着，这对夫妻就离开了售楼处。

几天以后，当那位年轻的销售代表打电话询问这对夫妻是否还有意向购买其公司的房子时，那对夫妻告诉他：“我们已经买了另一处房子，就在离你们不远的某某小区。”后来，那位销售代表得知，这对夫妻购买的房子与自己销售的房子各种条件都相差不多，只不过另外一家房地产公司的房子种类更丰富，他们在决定购买之前经过了一番精心挑选。

客户期望拥有更大的选择空间，以使自己能够更有弹性地选择购买哪种产品，这种心理是折中心理的重要体现。了解到客户的这种心理，销售人员在向客户推销产品时，不妨给他们留下选择的余地，让他们能够在更大的空间内进行选择。比如多准备几种不同型号、不同工艺、不同质量的产品，当然了，产品的价格也要分不同层次。这样一来，既可以满足不同客户的不同需求，又可以让每位客户都能在一定范围之内进行充分选择，从而满足客户的折中心理。

在把握客户的折中心理时，销售人员要做的不仅仅是把不同种类和特征的产品一一陈列在客户面前，同时还要根据自己的观察和分析，针对不同的客户需求向客户提出合理建议。比如，当客户在面对诸多选择犹豫不决时，销售人员如果发现客户更注重产品的质量和价格，那就可以向客户着重推荐简单实用的产品；如果客户更注重产品的外观，那就可以向客户着重推荐造型别致的产品。通常，在经过自己的一番权衡和销售人员的合理建议之后，客户会结合自己的权衡结果及销售人员的建议内容及时做出选择，从而完成交易。

满足客户的自豪心理

在与客户的交往中，一定要追求顾客的满意度，让客户从内心产生一种自豪感，可是怎样才能满足客户的自豪心理呢？办法很简单，那就是让客户觉得在满足了商品的需求之外，也满足了心理上的需求，只有这样才能让客户感觉这次的购物很有成就感，才可以长久地留住客户。其实，顾客满意是基本的心理需要，但自豪却是更深层次的。

自豪感是一种通过比较而产生的“人无我有”的心理感受。这种心理感受使他感到他自身的不同和超越他人的能力和权力。这种超越他人的能力和权力，使他感觉到自我价值实现的满足。

在一个旅游团中，当导游讲到一座建筑上的貔貅雕塑时，一位广东的游人马上把他脖子上镶有玉质貔貅的金项链拿出来问导游是不是这个，还说貔貅是南方商人的信仰，是招财进宝的象征。事实就是这样，原因就在此。让人看见他所戴的首饰的豪华高档程度，就是向人展示一种能力和权力。

客户的心理自豪感一般与企业的品牌有关。企业的品牌越知名，带给客户的这种满足就越多。消费名牌产品或服务本身就是一种高贵的体现，所以会给人带来自豪价值的满足。我们常常发现戴有劳力士豪华高档表的小款，总是把他的袖子拉得高高的，露出他手腕上的高贵手表，其原因就在此。展示他所戴的手表的豪华高贵，就是向人们展示一种能力和权力，以实现自身的自豪价值。

所以，我们在说明产品的功能时，不妨指出产品能帮助客户提高生活品位，产品是一流的，如此等等，让客户认为产品能给他带来自豪感，购买是值得的。我们必须找出一些方法让客户感到“炫耀无比”。

比如，很多商店采取心理定价中的尾数定价法，也是为了让客户觉得自己买的商品很便宜，物美价廉或者是物超所值，让他们有成就感，满足感，自豪感。如果你从事产品销售活动，完全可以在这方面加以注意，你可以从两点做起：定价和服务。

定价具体的做法表现在两个方面：

其一，产品最后的售价不取整数，而是留有尾数。如沙琪玛 11. 80 元/包，绿茶 1.85 元/瓶。一般来说，客户喜欢尾数价格，而不喜欢整数价格。这是利用消费者数字认知的某种心理，尽可能在价格数字上不进位，而保留零头，使消费者产生价格低廉和卖主经过认真的成本核算才定价的感觉，从而使消费者对企业产品及其定价产生信任感，因而容易接受。

其二，就是价格接近某一整数时，定价也避开整数，尽可能用 9、8 等数字标出一个比某一个整数稍差一层次的价格，让消费者有一种便宜的感觉。如空调定价为 1199 元，听起来比 1200 元少。另外，很多商店的价格还有一个特点，就是多采用如“9”、“8”、“6”数字，因为客户往往认为这些数字是吉利的。

客户都希望买到物超所值的产品，即使有时候那样商品并非他目前所需要的。因为这样可以让他们产生满足感，以比平时低廉得多的价格买到了某样东西所产生的自豪感，会促使他再次光顾你的商店。因此，许多零售商利用大部分客户求廉的心理，特意将某几种商品的价格定得较低以吸引客户。某些商店会随机推出降价商品，每天、每时都有一至两种商品降价出售，吸引客户经常来采购廉价商品。在采购这些廉价商品的同时，也选购了其他正常价格的商品。

另外，许多人以为和客户讨价还价是一种好的服务方式，事实上这样的经营态度反而会使客户认为原本的价钱定得太高了。除了商品的价格和质量之外，客户最在意的是服务，在意自己作为一个消费者是怎样被接待的。

我们既不能对客户爱搭不理，也不可以过分热情。假如你能正确地把握分寸，检查自己的服务态度，一定能博得客户的好感。第一次到店里光顾的客户，如果能受到得体而亲切的服务，即使别处的商品卖得较便宜，或者交通条件较为方便，他们也不会到别的商店购买，而成为你这里的常客。因为你让他感受到了一种受尊重的感觉，让他们的自豪感油然而生。

懂得解除客户的疑心

有一些客户，他们总是对周围的事物充满怀疑，其中包括服务人员及其产品。无论服务人员怎么向他介绍，他也不会相信。有时，他会上下打量你显得不信任；有时会盯着你，仿佛要把你看透；有时则会神秘地冲你笑笑，好像你对他隐藏了什么而他已看破似的。这种客户的心中，多少有些个人的烦恼，如家庭、工作、金钱方面等，因此常将怨气出在服务人员身上。或许是他以前上过当，上过当的人以后都变得十分谨慎；也或者是因为自身比较精明，又多疑又精明等。

生活中，诚信的缺失让人们的心越来越敏感，越来越多疑，人们对什么都充满着戒备。这种戒备心理让人极为不快乐，但是人们却又不得不奉其为武器。因为戒备心理不强，就有可能受到伤害，人人都不想受到伤害，于是大家一个个疑心重重，企业的正面广告宣传常被理解为“王婆卖瓜，自卖自夸”，产品定价高一点被视作“暴利”，定价低了又被视作“便宜没好货”等等。

在一个商展摊位前，商家即将在四周后推出新版的软件。一位年轻人停在他们的摊位前，工作人员向他展示新版软件的功能。年轻人对软件印象深刻，可就在这时工作人员告诉他说这个版本要一个月后才会发表，工作人员还想说点什么，但他已转身而去，边走边喃喃自语地说着“宣布要上市但是还未生产的计算机软件”。

对他来说，工作人员刚才所展示的一切根本无关紧要（事实上这个版本已经开发超过一年以上了）。他所关心的是，这软件并不存在，而他显然不相信这版本在四周后就要发表了。研究指出，每位客户都有类似的怀疑。根据波特·诺菲利公关公司（Portel · noveli）的调查报告，只有 37% 的大众认为来自软件或计算机公司的报道是“非常或有一点可信的”；如果是来自制药公司，比例是 28%，汽车制造商是 18%，保险公司是 16%。

然而，我们可以责怪人们如此的多疑吗？想想你自己身为客户的经验吧，有多少次你是感到被误导或者失望了？

不管出于何种原因，对于客户的这种心理无论你是否理解，都应该诚恳、详细地作介绍，介绍中着重以事实说话，多以其他用户的反映向他保证。千万不要和他争辩，你应该以亲切的态度和他交谈，进行商品说明时，态度要沉着，言辞要恳切，而且必须了解他的顾虑，同时也要避免对他施加压力，否则，只能使情况更糟。应以一种友好的关切的口气询问他：“我能帮你吗?”等他完全心平气和，再按一般方法与他洽谈。

现在的客户是警觉的、多疑的，这是个事实。但是他们还是会相信某些人。在日常工作中，我们需要抓住客户的这个心理来为自己服务。

随着新产品和新广告数目的增加，他们不再相信广告里所说的，他们转而求助于独立的、第三方的、权威的、专家的推荐和建议。因此，朋友、亲属、邻居、同事，当然还包括专家和专业媒体就成了营销推广的关键人群。

每个产品类别，都会有推荐价值指数比较高的特定人群，这类人群就是关键人群。比如 IT 产品，年轻、有知识的男性消费者就是关键人群；而日常生活用品，中年家庭妇女的推荐价值就明显高于其他人群。关键人群成为了普通消费者的购物向导。大多数消费者也会认可这些“专家”认为最好的产品，作为购买选择。所以，我们需要做的就是，抓住这些关键人群，他们说的话远比你说的有效。

客户大多是多疑的，所以，在与客户打交道时，说话要谨慎、小心，尽量把产品的优点与性能向他们介绍清楚。他们的疑惑神情不影响成交，你可以运用说理的形式对他们进行投资劝说，可以把与其成交说成是一次投资的好机会，以增强他们的购买意愿，使交易顺利进行。而能否使他乐意地听你介绍，取决于你是否具有专业的知识与才能。

与多疑的客户打交道，也可以运用一些计谋，抓住他们多疑的心理，但不可施加压力以免刺伤他的自尊心，使他丢面子。不过，也可利用人们皆爱面子这一点，适当地刺激他一下，使他为挽回面子而成交。对付这类客户，热忱已经起不了多大作用，可以适时运用冷淡法，使之产生好奇，利用他的好奇心达成交易。

在商业竞争中，我们可以利用客户的这种多疑心理，有意显示自己实力不足，或者隐瞒自己强大的实力，使多疑的竞争者或客户造成错觉，有利于经营。比如通过限制销售而有意识地使自己的产品在市场上保持供不应求的紧张局面，以此来刺激消费需求，扩大市场，而在产品滞销时，却故意造成产品脱销的假象，诱发消费者的购买欲。

在经营活动中，如果能够抓住客户的心理，或以实示虚，或以虚示实，使客户或竞争对手产生疑惑，就能一举获胜得利。

忠言逆耳利于行

古语说“忠言逆耳”。其实，在现实生活中，并非所有的忠言都逆耳。相反，有时候说些忠言，或者诚恳的真话，往往能取得意想不到的益处。当然，也不是所有的忠言都不逆耳，关键在于你是否采取合适的表达方式来传递这逆耳之言。

有一则苏联《消息报》1991年的征订启事，很有意思。它是从反面劝说订户，其公关用语读来令人忍俊不禁，发人深省。

亲爱的读者：

从9月1日起开始征订《消息报》，遗憾的是1991年的订户将不得不增加负担，全年订费为22卢布56戈比。订费是涨了，在纸张涨价、销售劳动费提高的新形势下，我们的报纸要生存下去，别无出路。而你们有办法，而且完全有权拒绝订阅《消息报》，将22卢布56戈比的订费用在急需的地方。

《消息报》全年的订费可以用来：

在莫斯科的市场上购买924克猪肉，或在车里亚宾斯克购买1500克蜂蜜，或在各地购买一包美国香烟，或购买一瓶好的白兰地酒（五星牌）。这样的“或者”还可以写上很多，但任何一种“或者”只有一次性享用。而选择《消息报》则令您全年享用。事情就是这样，亲爱的读者。

这则启事真可谓内容别出心裁，从语句中可以看到写作人智慧的光芒。他首先颇为诚挚地交代了编辑部的窘境，然后站在广大订户的立场上一五一十地列举了许多诱人的商品和货物。与《消息报》作比较，最后话锋一转，非常高明地指出“《消息报》令您全年享用”，而为这则启事“点睛”。

若从心理学的角度来分析这则广告，它是利用了人们“忠言逆耳”的顺从心理。既然“忠言逆耳”，那么，人们就可以不听。但是，这可以不听的“逆耳忠言”，毕竟是“忠言”，凡是“忠言”都带有真理性，是公众在道义上认可的东西。因此，人们在心理上不得不欣然地对这则广告加以接受与认可，其广告“忠言逆耳”的目的就达到了。

因此，我们说这则看似提醒客户的“忠言”，实则是一篇十分成功的征订启事。它完美地体现了“他山之石可以攻玉”的策略和商业竞争时欲擒故纵的口才技巧。小小一则启事足以说明《消息报》编者们作为商人的匠心独具。

那句早已耳热面熟的谚语：“良药苦口利于病，忠言逆耳利于行。”就说明了忠告警句往往具有举足轻重的影响。上到一国政策，下到商家策略，小到对一个人的直言相劝，忠言都是宝。

在现代礼交公关中，商家巧用诚恳话语向大众宣传自己的想法，往往事半功倍。日本电器大王松下幸之助也深谙运用口才之道。当松下电器公司还是一家小型工厂时，松下幸之助和工人因陋就简制造产品，并且亲自出马推销产品。

他用坦诚的态度、朴实的话语忠告每一位客户与他合作。若遇到讨价还价的高明之士，他就坦白相告自己的产品成本如何，应依照什么价格购买才不至于使工厂亏损。他不卑不亢地陈述事实，既不迷惑对方也不恳求对方，此情此景使对方不禁为之所动，站到了他的立场上，答应互惠互利、公平成交。松下幸之助这种忠言的艺术，句句有情有理、字字打动人心，确实是个推销的好办法。虽说忠言逆耳，但有时正话“反说”正好接近主题，便达到目标。

可以说，现在的市场经济给一切有识之士提供了创业和搏击的机会。可谓“天高任鸟飞，海阔凭鱼跃”。然而这不等于说所有的鱼都可以跃过“龙门”，不是说所有的鸟都能像大鹏展翅万里。在商业活动中，每位经营者的综合才能是至关重要的。简单地说，各种因素若缺少了某一方面，都不可能成就一番事业。

虽说忠言皆逆耳，但忠言逆耳却可行的道理人们也都知道，因此，聪明的推销员能将产品作一番“忠言”的反说，使它产生“逆耳可行”的效果。

适当赞美潜在客户

人人都喜欢听到赞美之词，适当地赞美你的客户，让对方感到愉悦舒坦，风光有面子，那你的生意就有了保障。

一家药房的老板就深谙赞美之道，可以说是“给人面子”的高手。他这种“给人面子”招呼客人的礼节分为两次。第一次是当客户一进门，他就马上起身迎接，满脸带着笑容，诚心诚意地说：“欢迎光临。”每个进门的客人听到这种愉悦的问候，都感到非常舒坦，因此也不由得回礼，药房老板当对方回礼的时候，又再次向对方作揖行礼。

店主人如此这般地向客户打招呼，客户内心一定会产生被人重视的满足感。

接下来，药房老板更进一步运用“给人面子”的策略，例如说些“你看起来真年轻!”或是“你身上穿的这套衣服很漂亮”之类令人听了舒坦又温馨的话。

此外，这位药房老板更是遵守“不卖药给来买药的客户”这种信念与原则。当客户被客气地招呼过，正感舒坦地说：“请给我一瓶感冒药。”药房老板绝不会立刻递上感冒药，他反而改口说：“您是哪里不舒服?”倘若客户回答“喉咙痛”，药房老板马上紧接着说：“这样子的话，最好不要服用感冒药。”然后他就不卖药给客户。这时，客户一定对药房老板不卖药的举动大感疑惑而纳闷地问：“那么应该如何才好?”

药房老板就会说：“您看起来工作非常繁忙，与其吃药，不如以营养剂来强健身体，对你的感冒会更有帮助。”药房老板就这样轻而易举地说服客户来购买维他命或蜂王乳等营养剂。

客户因为药房老板的赞美，也就欣然接受建议，况且营养剂给人的印象，的确是比药品来得好。营养剂的价钱胜过药品数倍，就是这种策略，使得老板卖出了更多的营养剂，药房生意也就一直非常好。

马斯洛的层次理论认为，自尊和自我实现是一个人较高层次的需求，它一般表现为荣誉感和成就感。而荣誉和成就的取得，还须得到社会的认可。赞扬的作用，就是把他人需要的荣誉感和成就感，拱手相送到对方手里。当对方的行为得到你真心实意的赞许时，他看到的是，别人对自己努力的认同和肯定，从而使自己渴望别人赞许的动机在荣誉感和成就感接踵而来时得到满足，从而在心理上得到强化和鼓舞，养精蓄锐，更有力地发挥自身的主观能动性，向着自己的目标冲击。

在人际关系方面，每个人都渴望别人的欣赏和赞扬。所以当你面对潜在的客户时，不妨多说几句赞美、感谢的话，留下一些友善的小小火花。你将无法想象，这些小小的火花如何点燃起对方接纳你的热情火焰，这些火焰必将照亮你推销的前程。

投其所好，攻其软肋

要想把事情办好，寻找对方的软肋，找到对方的弱点，投其所好不啻为一个很好的办法。某大型跨国集团的老总博基耶夫是一位非常著名的商人，他对机电行业有很多革新创造，并一手创建了自己的公司，获得了巨额财富。

发财致富以后，博基耶夫将大量的钱财捐献给了慈善事业，并曾经在一个城市捐钱修建了一所音乐学校和一座漂亮的大剧院。尽管博基耶夫乐善好施，但是他的工作确实很忙，这给那些希望跟他做生意的商人们带来了很大的麻烦，因为博基耶夫给他们的洽谈时间通常都不超过 5 分钟，这一点儿时间根本不足以说服博基耶夫接受他们的方案。

西伯利亚一家制造桌椅板凳的公司很想将他们的产品推荐给刚竣工的音乐学校和大剧院，显然这样的事情最好能跟博基耶夫本人商谈，不过博基耶夫的助理提醒这位桌椅板凳公司的负责人艾米说："博基耶夫先生工作太忙，正常来说他只有 5 分钟的时间接待你。"当艾米走进博基耶夫的办公室时，先打量了一眼办公室，看见博基耶夫正在办公桌旁埋头工作，心中有了主意。

过了一会儿，专心致志工作的博基耶夫才发现艾米，先跟他打了一招呼，然后询问他有什么事情。艾米在做完自我介绍之后，没有谈及生意，而是用充满羡慕的口气说道："博基耶夫先生，我刚一走进您的办公室，就被惊呆了。您知道我是一个普通的小商人，从来没有见过这么漂亮的办公室。假如我能够有这样一间办公室，我一定很乐意在这里工作。"

很显然，艾米的话引起了博基耶夫极大的兴趣，他欣然说道："你的话提醒了我。这间办公室确实布置得非常漂亮，当初刚装饰好的时候，我也非常喜欢，但是现在，因为事情太多，根本无暇顾及它，就算整天坐在这里，也没有工夫去多看它一眼。"艾米走到博基耶夫的办公桌前，摸着光滑的桌面，问博基耶夫："这是英国橡木制作的吗？据我所知，一般人用的都是意大利橡木。"

博基耶夫肯定了艾米的眼光，说道："你说得很对，这是从英国运来的。我有一个朋友懂得木料的好坏，这是他亲自为我挑选的。"

就这样，两个人逐项评论房间的装修配置、装饰工艺，聊得非常投机。接下来还谈到了工作、生活、经商等，时间也远远不止5分钟。最后艾米不仅得到了自己想要的合同，而且跟博基耶夫成为了好朋友。

在求人办事的时候，有一点是非常重要的，那就是投其所好。很显然，艾米之所以能够得到那份合同，并和博基耶夫成为好朋友，关键就在于他找到了博基耶夫的"软肋"，并重点进攻。

一个人的弱点在哪里？那就是喜好。在求人办事的时候如能好好地利用对方的喜好，那么你获得成功的可能性就会大增，看看下面的这个故事我们可能就更清楚了。

黄先生是一位推销员，推销的是天然绿色食品。有一次，他敲开了一户人家的家门，侃侃而谈地跟对方讲起了绿色食品。虽然他把这种食品的优点说得淋漓尽致，然而女主人似乎并不感兴趣。见此情形，黄先只好识趣地准备告辞。

还没走到门口，黄先生不经意间发现了对方的阳台上的花，其中有一盆紫色的花看起来非常漂亮。黄先生平素对花草也有一些了解，但却不知道这盆花是什么，便好奇地指着那盆花问对方："如此漂亮的花，我在别的地方从来没有见过，它是什么花啊？"

那位女主人有些自豪地回答说："这种植物确实很罕见。朋友知道我爱花，特地从国外带回来给我的，听那位朋友说这叫什么里亚，是兰花的一种。因为名字很拗口，而且这花带紫色，给人一种雅的风情，所以我一般都叫它紫兰，”

“好漂亮！我想它一定不便宜吧?”黄先生赞叹了一声，问道。

“还可以吧！那朋友说国外买的时候也就 100 多美元。”女主人回答。

“那就是 700 元左右了！好栽养吗?”黄先生逐渐把话题转向了盆栽。

“不是很容易，需要精心呵护，照顾不周的话很快就死了。”看着那盆漂亮的兰花，女主人的语气里有着几分自豪。

于是两个人围绕着盆栽谈论了起来。在女主人滔滔不绝的话语中，黄先生不时说上一两句中肯的话，倒也颇合对方的心意。

后来黄先生逐渐把话题转到食品污染上来，这引起了那位女主人的共鸣，大肆批评当前人们滥用农药，导致很多东西吃起来都不健康。

黄先生见是火候了，就诚恳地劝说对方试试自己所推销的这种产品。结果可想而知，女主人爽快地答应了，并邀请他有时间再来这里做客，一起探讨盆栽的知识。

从上面的这个故事我们可以看出，黄先生之所以能够在推销即将失败的时候“力挽狂澜”，让女主人买下了自己的产品，最关键的就是他找准了女主人的喜好，并对症下药，果然一举奏效。

在办事的时候不妨多从细节出发，察看对方的弱点和软肋，并投其所好，那么你将更有机会获得自己想要的东西，达到预期的目的。

第十四章

与异性和睦共处

在我们的生活中，怎样才能与异性和睦相处呢？这就要求我们既要保持住自我，又要控制好交往的范围，只做心灵的亲密接触，不跨越“性”的那道鸿沟。只有这样才能让我们的人际关系和家庭生活美满幸福。

懂得“三S”效应

与异性交往从某种程度来说要比与同性交往要困难得多，更加需要讲究策略与技巧。现实生活中，有很多人在与异性交往中并不愉快，也有些人甚至交往失败。究其原因就是因为没有注重一些心理策略和交往技巧。事实上，在与异性交往时，你除了要用良好的品行来吸引对方外，交往过程中的一些小细节也是很重要的，如注重“三S”效应就是其中之一。

所谓“三S”效应用英文单词来表示的就是smile：微笑；sight：眼神；skinship：接触。

微笑（smile）。有人说微笑是世界语，这句话说的一点不错。在经济学家的眼里，微笑是一笔巨大的财富，在心理学家的眼里，微笑是最能说服人心的心理武器。微笑是友善的表示，微笑能够消除对方的戒备心理，也能使气氛变得更和谐。所以，在交往的过程中不要吝啬自己的微笑，它能够使你获得他人更多的好感。

微笑不是天生的，它完全可以通过后天的训练得到。如放松面部肌肉，然后使嘴角微微向上翘起，让嘴唇略呈弧形。最后，在不牵动鼻子、不发出笑声、不露出牙齿，尤其是不露出牙龈的前提下，轻轻一笑。另外，也可以闭上眼睛，调动感情，并发挥想像力，或回忆美好的过去或展望美好的未来，使微笑源自内心，有感而发。还可以对着镜子练习，使眉、眼、面部肌肉、口形在笑时和谐统一。总之，要练就一副人见人爱的笑脸并不困难，你可以根据自己的实际情况选择练习的方法。当你能以微笑从容地面对他人时，你就能够充分地理解到微笑在与异性交往时的魅力了。

眼神（sight）。眼睛是心灵的窗户。在与异性交往的过程中，如果善用眼神来表达自己的心思，也能够起到意想不到的效果。如你见到对方时眼里是喜悦的，对方就知道你乐意和他交往；你的眼里满是冷漠，不用你明说，对方就知道你不喜欢和他多接触，因此会识趣地离开。

肌肤接触（skinship）。肌肤的亲密接触能够令彼此产生好感。所以，在对方失意、难过的时候，伸手轻轻地拍一下对方的肩膀，在传递给对方安慰的同时，也能够给对方力量。

懂得了交往中的“三 S”效应，在与异性交往的时候就要恰当地利用微笑和眼神，传递心灵的沟通，给予心理暗示的力量，很好地与异性朋友相处。不过，在交往中，特别是女性在运用“三 S”效应时要有分寸，要恰到好处，否则，就会给人以轻浮之感。

学会应对异性不良行为

社会中什么人都有，虽说好人占居多数，但也不乏品性不良者。所以，在与人交往过程中难免会遇到一些不愉快的事，特别是年轻女性，说不定就会受到个别品质不良的男性的骚扰。那以，该如何摆脱这种人的纠缠呢？下面就为女性朋友提供了几条对付男性不良行为的心理策略。

第一，先礼后兵，含蓄警告

有一些男性，虽然具备了一定的文化素养，但由于其品性不佳，仍会做出一些令女性厌恶的行为。对付这种人，就应该理性一些，采取点到为止的含蓄警告则比较适宜。

有个漂亮的女孩偶然发现对面楼的一个男青年用望远镜在窗口窥视她，姑娘很生气，想登门找他理论，可转念一想，如果对方不承认怎么办？或是对方不顾廉耻，借机把事情闹大使自己下不了台阶怎么办？于是她冷静下来，决定不正面和对方接触，而是巧妙地查到了那个青年的电话号码，并请一位男同事给那位青年打电话："喂！你好！对面楼的姑娘昨晚把手机放在哪儿了？"

"你打错电话了。"那个青年显然明白是怎么回事，他慌张地回答道。

"不，这电话就是打给你的！你应该知道怎么做！"

对面楼的青年慌忙挂掉了电话，因为他分明听到了含蓄的潜台词：赶紧扔掉你的望远镜吧，别以为人家不知道，这可不是什么有趣的玩意儿，如果坚持下去对你没有什么好处。

这次电话后，对面楼的男青年再也没有犯以前的毛病了。

一般情况下，发现对方有不良行为时，切不可贸然行事，要先让自己冷静下来，想一良策。可以先礼后兵，含蓄警告，如果无效再采取其他方法也不迟，毕竟，不战而屈人之兵才是上上策。

第二，巧用心理战

在酒吧、舞厅等相对热闹的公共场合遇到好色之徒的机率更高，而这些场合人多事杂，单凭说服显然不行，这时不妨用一点小小的心计，让对方产生心理上的恐惧，把对方吓走。

一位中年男子在酒吧里看见一位新来的服务员很漂亮，就厚着脸皮上前搭话："我以前好像在什么地方见过你？"

姑娘红着脸说："我想没有吧，先生。"

中年男子依旧喋喋不休说："怎么会呢？我肯定见过你，也许就在你以前工作过的地方，而且还和你说过话……"

姑娘急中生智地说："先生，你太武断了吧，我以前在殡仪馆当化妆师，我的客户都是……"

那个中年人回过味来，再也无心纠缠下去，灰溜溜地走开了。

第三，敲山震虎

敲山震虎是一种军事策略，它是展示军事实力，威慑对方，迫使对方屈服的手段，可达到不战而屈人之兵的目的。在有些时候，女性朋友完全可以用这一计谋来对付那些有不良企图的男性。

有位已婚的公司主管，见公司新进的职员中有一位漂亮的女孩，便不怀好意地多次找机会接近她，并恭维道："你是我遇到过的最漂亮的女孩子，令人神魂颠倒，我将永远忘不了你！"

这位新进女职员虽然对他厌烦至极，但想着自己还得在这个公司工作，因此必须有所克制，不能公开反抗他，但也不能屈服他。于是，女孩灵机一动说："那我告诉你一件使你容易忘记我的事吧。"

"什么事？"

"我的男友是全市业余拳击赛冠军，他是个喝酒外行喝醋内行的人。"

主管一愣，半信半疑地说："这么巧？"

女孩意味深长地笑起来："信不信由你，说不定等一会儿您就能验证结果。"

这位心存非分之想的主管，只得干笑着退却了，而且从那以后再也不敢来骚扰这位女孩。

遇到异性不良行为骚扰时，你不能冲动，但也不能屈服，要洞察对方的心理，采取一定的手段来应对他们。

不要触碰对方的禁区

夫妻关系是人际关系中最亲密的关系，但是，这并不意味着伴侣之间交往应该是无所不谈、百无禁忌。事实上，夫妻之间也有禁区，触犯了夫妻禁区，就会伤害夫妻之间的感情，甚至会导致这段亲密关系破裂。其实夫妻关系也属于人际交往的一种形式，夫妻二人属于不同的交际个体，对丈夫来说，妻子就是另一个交际个体，妻子如果在谈话中触及了丈夫的软肋，就会导致夫妻关系的紧张。

男人外表上很坚强，其实他们的内心也很敏感，在与男人的交往过程中，有几根神经是不能“碰”的，一些你认为是“为他好”的话，却很可能使男人的自尊心受到极大的创伤。

首先，在交际过程中，不要“教”男人怎样做，因为这会让他感觉你在指挥他。尽管你是出于好心，与他交流一些职场上的升职和处理人际关系的方法或心得，但是男人的自尊心是很强的，他可能会以为你在怀疑他心智的成熟度或者是轻视他今天取得的成就。在男人眼中，让一个自己以外的人来教他怎样工作、怎样举止有礼，那简直是别人对自己能力的极端不信任，严重的话，他有可能引申到你对于他现状的不满。其实你的真实想法可能只是跟他交流一下处世方法，看看哪种更能见效，更能为他的前进添砖加瓦而已。

29 岁的方舟常常因为一些和丈夫的这种对话而闹得双方不愉快。对老公的冷淡态度方舟也常常很不满，她认为自己是好心没得好报，但是方舟的老公却认定她是嫌弃自己。二人经常因为鸡毛蒜皮的小事而闹得不开心。

女人在跟丈夫提及一些问题时，最好不要用丈夫作为话题的中心，不让男人站在问题的中心区域，以便留给男人对这个问题进行理智分析的时间。

其次，在交际过程中，切忌拿自己别的交际好友与现在的这个交际对象做比较。男人一般会讨厌自己被别人拿去做比较，尤其在交际过程中，如果一个男人听到自己被别人比较了，他一定不开心，即使他当时没有表现出来这种情绪，但是心里也会很不舒服。

艾丽因为公事的原因，需要经常和一些男性客户打交道，每次碰到不同类型的客户，艾丽都会在回家后告诉自己的老公：这次的客户多么帅，上次的客户多大方……刚开始艾丽的老公还能勉强接受，但是时间久了，艾丽的老公就很郁闷，每次艾丽一提到自己的客户，老公就去干别的事情，艾丽对此很奇怪。

在男人与女人的交往过程中，大多数人会以为女人很容易缺乏安全感，其实男人也具有相似的心理。每个男人都是争强好胜的，你总是在他耳边说别的男人怎么样，可能你自己并没有什么特殊的用意，但是男人此时的心理就要复杂多了。他可能会以为你对他有什么不满意的地方。在你提到这些异性的时候，你丝毫感觉不到他的不适，但事实上，他是相当在乎的。

所以，为了夫妻关系的和睦，作为妻子的你，最好还是不要随便提及其他异性，即使有时不得不提到，不妨直接说出对方的优点，客观实际一些，这才是比较好的方法。

再次，最好不要干涉丈夫的爱好和品位。丈夫喜欢穿着样式幼稚的球衣在球场上踢球，这可能是你无法忍受的爱好。有时候，你面对着一大堆好像刚从土堆中挖出来的脏衣服时感到怒发冲冠，但这却是他最引以为傲的特长！

你好不容易把他的衣橱实行了大“改革”，你把所有你认为老土的、难看的、过时的衣服全部清空，尽管那些衣服有可能是他穿起来感觉最舒服的。你觉得自己为他买的衣服既有品位又很时尚，但是你的丈夫却认为你买的东西很庸俗。其实，男人的品位和女人的品位往往有很大的差异，这是很常见的事情，所以不要强迫丈夫改变喜好，万一你真的对他的衣着品位很看不下去，你可以试着在衣橱中增加一些你选择的款式，然后鼓励他多穿几次，让他在不知不觉中接受你的建议。有的时候，男人仅仅是嘴上不喜欢承认你是正确的罢了，给男人留点面子和时间，只要能达到目的就行了。

最后，在日常生活中，不要评论丈夫的家人以及朋友。大多数男人都不喜欢爱评判别人的女人，你最好不要在对方的心里留下这样的形象。即便他的家人或朋友很没有礼貌、举止很不得体，你也要装作没有注意到，不要轻易评论，如果你妄加评论，就会让他感觉你在意他的背景。在没有影响你的情况下，你最好睁一只眼闭一只眼，但如果确实影响了你们的正常生活，你可以跟他好好谈一谈，相信他会想办法解决的。

在日常生活中，尽管男人有着诸多的谈话禁区，但并不意味着你就不能抒发一下自己的不满。不妨换一个角度、换一种说法，把他当作另外一个交际对象，采取合理的说话技巧，那么夫妻之间的交流就会变得顺畅很多，夫妻生活也会因此变得更加甜蜜。

学会与异性同事相处

王某是一名已婚女性，有老公，有小孩。但最近感觉怪怪的，单位有个男同事很是莫名其妙，经常打电话找她聊天，如果不接，感觉对人家不礼貌。如果接，大多是聊点无关紧要的废话，有工作上的，生活上的，还有什么想你呀，有机会的话一起聚聚，吃个饭什么的。王某一直以来没有答应过他，但是说实话对他也没什么反感的地方。

这则案例充分暴露出异性同事如何交往的问题。同处一个办公室，异性同事间刻意保持距离，隔得远远的，会被认为太冷漠；而太接近的话，则可能承担“性骚扰”的罪名。两性之间的相处，复杂而微妙，处理不好，心中不舒服，对组织运作也会产生不利影响。

其实，对于同处一间办公室的人而言，首先需要建立健康的两性相处心态。如今，两性的工作交流非常频繁，实在不能再以男女授受不亲的老观念来衡量。即使已婚，也不表示要和异性保持距离，以免犯忌。过份拒绝和异性相处，将会妨碍职场角色的扮演。事实证明，有两性的工作空间通常比单一性别的环境要愉快和谐，效率也要高一些，所以两性间绝不能采取隔离策略，而必须找出好办法使两性相处有利无害。

异性同事之间对很多事物的看法通常存在着很多分歧。如果能够在异性面前虚心学习，将会在异性中备受宠爱。因为多数人喜欢帮助异性工作伙伴，他们把这个看作是同事中成就感的一个标志。人人都希望被异性重视、仰慕，一个人如果平时多注意观察和吸取他人的长处，不计较他人的短处，就会觉得同事之间好相处。

对于异性同事，可能大家一起工作，有共同语言并互有好感，如果没有意思将这种关系发展为恋情，就应当将感情投入限制在友谊的范围内，即使很有好感，也不应表露出来。对对方射来的丘比特之箭，应明智地将其化解，千万不要给对方以默许和鼓励，否则后果将很难收拾。

在与异性交往中，对异性采取大方、不轻浮的态度是同异性工作交往中一个很重要的原则。在行为和言语两方面都要注意。

此外，人都有自己的苦恼，男同事有男同事的苦恼，女同事有女同事的苦恼，他们可能会因为工作、家庭等方面的事务无比烦忧。大多数同事遇到这种情况会表现出逃避的姿态。其实，只要你说出一句“我来帮帮你”的话语，同事就可能对你感激不已。当他（她）有困难时，或大家都不敢接近时，如果你能不计利害去帮助他（她），他（她）心中的感激是可想而知的。

与异性交往要把握好尺度

据心理学家研究发现，与异性交往有利于人的思维发展，男性对女性的认识度高，更富有创造力；女性对男性的认识度高，智商也高。

一个常与异性交往的人，他（她）会经常受到异性思维的启发，在异性身上学到自己可能缺乏的东西。日常生活中，我们常常发现大多数人结婚后总比婚前成熟得多。那是因为结婚意味着与异性有了一种亲密的关系，彼此朝夕相处中，随着了解深入，无意之中会受到对方的影响，从而使自己的思路得以开阔、宽容度得以提高；同时也学会突破自我，变得丰富起来。

与异性交往是人类不可或缺的一项社会活动，在社会中生活，我们要工作、生活、娱乐、建立自己的社会支持系统，就不可能不与人交往。无论你是否结婚，异性间的交往都存在着，发展着。但是，与异性交往有着一定风险性，尤其是婚后的男女，在与异性交往时一定要把握好分寸尺度。异性朋友之间，不能过于亲昵。因为不但要考虑婚姻中另一方的感受，也要尊重夫妻间的感情，夫妻间的信任和理解是最宝贵的，不可破坏。

随着物质生活的丰富，社会交往的增多，人们对精神需求增大了，男女之间的交往越来越多，把握好男女交往的“度”，充分发挥异性朋友的正面效应，提倡男女交往的宽松和宽容，是未来人际关系发展的一个新气象。

那么，婚后怎样与异性交往呢？异性交往是人际交往中最敏感，也是最微妙的一种交往，婚后的异性交往尤其如此。结婚了，你还能坦然接受异性的邀约吗？又该如何对待呢？

王女士已婚，在一家贸易公司担任销售工作，经常会收到来自异性的邀请，她一般根据需要，坦然接受，并通知丈夫到时候接她，其丈夫表示理解，夫妻关系和谐，值得推荐。

张云，性格活泼、开朗，和异性一起出去是她经常性的休闲方式，有时候是和丈夫一起，有时候自己去。她认为，优秀的男人谁都会喜欢，但是丈夫只有一个。两人对彼此的朋友都熟悉，保护婚姻是他们的底线。夫妻关系新颖，可以学习。

无论是婚前还是婚后，都不可避免地要与异性交往，婚后，认为异性之间只有爱情、没有友谊的观点是错误的。异性之间提倡进步、发展和无伤害的道德原则，努力做到男女交往不伤害公众的情绪，不伤害他人的家庭，不伤害身心健康，不伤害隐私权，不应把自己的幸福建筑在别人的痛苦之上。

那么，与异性交往应注意些什么？在与异性交往时，有的人拘束、畏缩，有的人又过分热情，显得轻浮不庄重。怎样行事才能在异性心目中留下良好印象？

第一，衣着要整洁大方，同自己的身份相符，不要浓妆艳抹，也不要穿奇装异服，那样容易给人以虚浮轻薄之感。对异性的魅力并不表现在外表上，而是由内在的修养和品性决定的。

第二，言谈举止要文明礼貌，不要大声喧哗，靠声音压倒别人往往是缺乏修养的表现。当然说话过分小声又显得畏缩，缺乏自信心。不要随意打断别人的谈话，也不要在听别人讲话时心不在焉。自己心里想说什么，就说什么，不要夸大其词，也不要拐弯抹角，更不要矫揉造作。

第三，待人要不卑不亢。不卑，就是不卑躬屈膝，讨好巴结，低三下四，这是有损人格尊严的；不亢，就是不傲慢自大，似乎自己总比别人高一等，这会引起别人的反感。

第四，讲信用，守时间。说办到的事一定要办到，自己没有把握的事情，即使碍于面子不宜当面拒绝，话里也要留下有可能办不到的余地。

第五，对别人的话不要过分敏感。有些话对方出于无心，你过分敏感了，就显得多疑褊狭。有些事不必太认真，小事“糊涂”有时反比不糊涂好。

第十五章

让对手拍手称赞

在人际交往中，对手是我们最大的敌人，处理好与他们的关系是关乎我们成败的关键，所以，我们一定要有好的策略巧妙地战胜对手，让对手对我们拍手称赞。

利用对手的弱点

大家都知道，我们身边的许多日常用品、用具都装有把柄，其目的就是方便人们使用。在人情关系学中，也有把柄之说，人际关系中的把柄就是对方的弱点与喜好。在与人交际中，我们要善用这些把柄，从而让对手为我所用，听我调遣。

每个人都有弱点，这些弱点利用好了便是很好的把柄，找到这些把柄，我们就可以针对不同的对手采取不同的策略。性格急躁者可用激将法，连对方的趣味、喜好也可以被用作打开其欲望之门的钥匙。只要拿对方最喜欢或忌讳的东西去诱惑或打击他，他就必定上钩无疑，授你把柄。

另外，有些把柄是随机出现的，如辩论之中的口误，应该及时抓住，穷追猛打。如果对手把柄难寻或没有漏洞，也可以发挥创造性，制造或挖掘把柄，再使用到他人身上去。

由此我们也应该明白另一个道理：与人交往随意吐露真相是危险的，因为谁也不能保证日后不会反目成仇。因此人际往来，交朋结友应懂得矜持之道及胸有城府，避免授人以柄而沦为受制于人的可怜下场。

汉代的朱博本是一介武将，后来调任左冯翌地方文官，利用一些巧妙的手段，制服了地方上的恶势力，被人们传为美谈。

在长陵一带，有个大户人家出身的名叫尚方禁的人，年轻时曾强奸别人家的妻子，被人用刀砍伤了面颊。如此恶棍，本应重重惩治，只因他大大地贿赂了官府的功曹，而没有被革职查办，还被调升为守尉。

朱博上任后，有人向他告发了此事。朱博觉得简直岂有此理了！就召见尚方禁。尚方禁心中七上八下，硬着头皮来见朱博。朱博仔细看尚方禁的脸，果然发现有疤痕。就将左右退开，假装十分关心地询问究竟。

尚方禁作贼心虚，知道朱博已经了解了他的情况，就像小鸡啄米似的接连给朱博叩头，如实地讲了事情的经过。头也不敢抬，只是一个劲地哀求道："请大人恕罪，小人今后再也不干那种伤天害理的事了。"

"哈哈哈……"朱博突然大笑道："男子汉大丈夫，本是难免会发生这种事情的。本官想为你雪耻，给你个立功的机会，你能自己效力吗?"

于是，朱博命令尚方禁不得向任何人泄露谈话情况，并让他记录其他官员的言论，及时向他报告。此时的尚方禁已经俨然成了朱博的亲信、耳目。自从被朱博宽释重用之后，尚方禁对朱博的大恩大德时刻铭记在心，所以，干起事来特别卖命，不久，就破获了许多起盗窃、强奸等犯罪活动，工作很见成效，使地方治安情况大为改观。朱博遂提升他为连守县县令。

又过了相当一段时期，朱博突然召见那个当年受了尚方禁贿赂的功曹，独自对他进行了严厉地训斥，并要那位功曹把自己受贿的一个钱以上的事通通全部写下来，不能有丝毫隐瞒。

那位功曹早已吓得筛糠一般，只好提起了笔，写下自己的斑斑劣迹。

朱博早已从尚方禁那里知道了这位功曹贪污受贿，为奸为贼的事，看了功曹写的罪状，觉得大致不差，就对他说："你先回去好好反省反省，听候裁决。从今后，一定要改过自新，不许再胡作非为!"说完就拔出刀来。

那功曹一见朱博要拔刀，吓得两腿一软，又是打躬又是作揖，嘴里不住地减："大人饶命！大人饶命!"只见朱博将刀晃了一下，一把抓起那位功曹写下的罪状，将其撕毁。

自此后，那位功曹终日如履薄冰、战战兢兢，工作起来尽心尽责，不敢有丝毫懈怠。

抓刀要抓刀柄，制人要拿把柄。聪明的交际高手总是善于捕捉对方的弱点作为把柄，一旦握住把柄，就从不会轻易放过，而用其弱点将其“拿住”为我所用。抓住把柄也是制服对手的致命心理策略。

学会先发制人

所谓“先发制人”就是要抢先一步，在理论上，气势上制服对方，使其服从我们的思路。在人际交往中，这种先发制人的交流策略通常用于辩论、谈判及销售上。

在生活和工作中，与人辩论是经常发生的事情。在辩论时，如果对方气势凶猛，口若悬河，就会在心理上占据上风，所以，在遇到这种场合的时候，我们就应该先发制人，从气势上镇住对方。不过，先发制人的说服术在申诉自己理由的同时，要预测对方可能提出的辩解，使之失去作用，从而使对方无言以对，俯首认输。由于抢在对方的攻势未动之前，从而使对方措手不及，使其心理失衡，自乱阵脚，其攻击力是非常强大的。

辩论时，要造就宏大的气势，至少有三点可以有效地压制对方。一是快，不容对方说话，先开口说一通措词严厉的话，从精神上压制对方；二是厉，镇定自若，毫无畏惧，句句铿锵，字字有声，在气氛上挫了对方锐气；三是理，不但辞严，而且义正，既以势压人，又以理服人。这种说服技巧总的原则是争取主动，占据优势，力争扰乱对方。采用这种方法要作充分的准备，而对方常对你的准备情况全然不知，可在对方意料不到的情况下首先向对方发动进攻，如果时机把握得好，则完全可以击溃敌方阵脚。

还有一种技巧，就是在对方讲话时，想办法打断对方。例如“我想打断一下可以吗？”或“不好意思，请问 xx 是什么意思”等。打断对方讲话，的确会让对方感觉很不舒服。但是，可以借此向对方施加一种压力，让对方感到“这方面你还不如我”或“我可以随时打断你说话”。

当然，我们不能用一些毫无关系的话题去打断对方，但如果用下面这两类问题来打断就不会有大问题：如请对方解释很难解释的词语；请对方用实际生活中的例子来解释一下谈话中比较抽象的内容等。这样，你就可以控制你们谈话的节奏，进而提高你的控制力。

进行重要的商业谈判时，放在桌子上的手可以成为帮助你的一个重要的道具。甚至可以说，在某种程度上，手的使用方法决定了谈判、销售能否顺利进行。

我们在和顾客见面时，一开始最好给对方一种严谨稳重的感觉，这时候应该将一只手放在另一只手的手背上。这是因为压住自己的手，就可以让对方感觉到自己的严谨。在自我介绍时，这种姿势是比较合适的。

而在介绍商品、与对方讨价还价时，我们必须给对方施加更大的压力。这种情况下，我们应该紧紧地交叉十指，并将双手放在胸前，这样就可以让对方感受到很强的压迫感。并且在表达重点的时候，将双手向对方推过去。

在商战中，不附和对方也是一种交往技巧。因为不附和对方，可以让对方感觉非常窘迫。

一直盯着对方看，但是，什么也不说，这样就可以在心理上逼迫对方。对方会因此感到不安。不附和对方，就可以让对方失去信心，产生动摇。

一直盯着对方看，对方就会不自觉地移开视线。如果再不附和的话，对方肯定会觉得非常郁闷，不好意思再继续说下去。

但是，需要提醒的是：经常使用“不附和对方”的技巧是比较危险的。美国的心理学家诺尔·尼尔松博士曾经说过，这个技巧是一种过激的方法，一定要注意不能在心理上过度逼迫对方，过度逼迫对方会让对方产生反感。所以，在对方产生动摇之后，我们就可以开始附和对方了。在开始阶段对对方比较冷淡，从中途开始附和，对方会感到更加高兴。

总之，学会运用各种谈话技巧，做到义正辞严，在势、理上压制住对方，可以有效地提高你的力量，向对方展示一个精神饱满、气度非凡的强者形象。

切不可急功近利

自然界的生存法则是优胜劣汰，要获胜就必须使自己比别人优秀，比别人拥有更多的优势。而这种优秀不是随心所欲、临时发挥的，它是长期储备、自我修炼的结果。

任何事物，在成长的时候都可能需要一段时间来积蓄力量。蛰伏是为了等待时机，一旦到了惊蛰阶段，就可以大干一场了。如果没有蛰伏这一阶段做准备，也许就没有腾飞。

每一个人为了生存、为了应对情况的变化，适应所需，就必须有养精蓄锐的观念，有积蓄力量的习惯，如此，方能增加成功的砝码。

明太祖朱元璋就是运用养精蓄锐之术，才得以在群雄之中立于不败之地，最后平定天下。他巧用“养士”的策略，把一大批能人谋士笼络在自己周围，为己所用。

“养士”给朱元璋带来了许多意想不到的好处。首先，“养士”可以削弱敌人。假如“士”不为我所用，势必要到竞争对手方面去或者自行集合起来，结果对自己不利；其次，“养士”可以安民，儒雅之士大都知识渊博，在地方上有名望，在百姓心目中有地位，朱元璋用“士”，对于民心的向背有着潜移默化的作用；再次“养士”有利于地方的行政管理。经济上，儒士处于中小地主地位，拥有许多的佃户，“士”归民归，“士”顺则民顺。

在攻下徽州时，老儒生朱升告诉朱元璋三句话：“高筑墙，广积粮，缓称王。”这一建议对朱元璋的事业影响很大。朱元璋依此建议，养精蓄锐。第一，巩固后方，保存实力。他在军事上通盘调度，统一指挥，建立巩固的根据地，并使之由点成面。第二，发展生产，兵民结合。为了发展生产，他想了许多办法，如设立营田使，实行屯田养兵；还设立“万户府”，加强民兵建设，把作战力量和生产力量合二为一。第三，缩短目标，从长计议。他审时度势，避实就虚。当义军纷纷揭竿而起，群雄并起时，朱元璋却施行“缓称王”之计。当先称王者在与元军厮战中双双元气大伤时，朱元璋才挥师南征北战，同时并进，最终统一了全国。

懂变通的人都知道事半功倍的道理：什么时候该行动，什么时候保持不变，怎样才能赢得变化优势，如何取得最终的胜利。在时机尚未成熟，条件不具备时就要养精蓄锐，韬光养晦，暂避锋芒，积极储蓄力量，不要急于求成，而要通过时间来取得决定性的优势，这就是一种最可取的变通思维。当然，在养精蓄锐阶段还要通过实际工作来提高自己，不断地锻炼自己的变通能力。

“伏久者飞必高，开先者谢独早，如此，可以免蹭蹬之忧，可以消躁急之念。”长久潜伏林中的鸟，一旦展翅高飞，必然一飞冲天；迫不及待绽开的花朵，必然早早凋谢了。我们做任何事情都不能太急于求成，要学会耐下心来，在沉默中等待时机，这是促使自己身心成熟，准备大展宏图的必经之路。

懂得反唇相讥

生活中，好人有之，坏人有之，爱故意找碴儿、专在鸡蛋里挑骨头者也有之。这样的人就是想寻衅滋事，想让别人下不来台。面对他人的这种挑衅心理，如果我们退避三舍，必会遭人耻笑而令他得寸进尺。如果视而不见，也难免会被认为软弱可欺。

据说，在晋朝有一个叫刘道真的人，读过一些书籍，自认才学不浅。但由于当时遭受战祸而流离失所，无以为生，他只好到一条河边当拉纤脚夫。

这位怀才不遇的刘道真，素来嘴不饶人，十分喜欢嘲笑他人。好多被嘲笑过的人都没有办法回击他，他也因此而洋洋得意。

一天，他正在河边拉纤，看见一位年老的妇人在一只船上摇橹，就顺口嘲笑说："嘿，真好笑。女子为什么不在家织布，而跑到河里划船呢？"

不料，这老妇人却反唇相讥道："是好笑。大丈夫为什么不跨马挥鞭，而跑到河边替人拉纤？"

又有一天，刘道真正在草屋里与别人共用一只盘子吃饭，见到一位年长的妇人领着两个小孩从草屋前走过。他见三人都穿着青衣，就嘲笑她们说："青羊引双羔。"

这妇人望了他一眼，说："两猪共一槽。"

自以为口才无人可比的刘道真，这下竟无言以对。

任何人都有防卫心理，尤其是在他人挑衅心理的刺激下，这种心理就更容易产生。这时，如果我们能迅速展开自卫，就能化被动为主动，用相应的话语反唇相讥，既可让寻衅者无言以对，也能在主动中有台阶可下。

生活中，碰到一些无理取闹之人是很正常的事情。这个时候，一般人常常会大发一通怒火，大骂一顿无赖，可是到头来，对方还是振振有词，自己倒气得手脚发颤，而只会说：“岂有此理，岂有此理。”

遇到这种情况究竟该怎么办？怎样才能反击无理取闹的行为，使得对方觉得理亏词穷？

首先，我们是要控制自己的情绪，不要太激动。因为，这个时候平和的心境是反击对方重要的后盾。我们要表现出自己的涵养与气量，以“骤然临之而不惊，无故加之而不怒”的大丈夫气概，在气质上镇住对方。

所以，在遇到对方挑衅时，我们若能神色自如、冷静地考虑对策，才是上策。也只有平静情绪才能从容选出最佳对策，否则就可能做出莽撞之举而正撞对方的下怀。

我们在反唇相讥的过程中，不能说了半天，还不得要领，或语词太过软绵。这时，出言的打击点要准，尽量做到一下就击中要害；反击力要凶猛，令对方一下子就哑口无言。

如果对方成心让我们下不来台，这种自卫心理就会自动产生。因为，只有反击才能让攻击者自食其果，得到应有的下场。

也许我们还会遇到这样的情况：每次遇到别人的侮辱，自己总是舌头都发麻，说不出话。这时，我们只想找一句话把别人的嘲讽和指责顶回去，好让他住口，但是偏偏想不出来。

一个枪手，如果只知道带枪，而不知道如何瞄准、等待时机扣扳机，是十分令人惋惜的。所以，在反击之前，我们先要把对方的话语听明白，以便把握目标，瞄准靶子再放箭。这样才能既不滥杀无辜，也不放过诋毁的小人。

还有一些人，喜欢从话里找话，要知道这样做是自找麻烦。虽然这样不全是错的，但作为一个听者，不能为了追查隐含的意思而忽视了表面的意思。否则，就可能正中了说者的圈套。

因此，一旦听懂了对方的用意，发现对方有明显的攻击意味时，我们就要提高警觉，及时做出判断。在思想上要具有反击的针对性，如果对方发动的是讽刺性攻击，那么反击也是讽刺性的。再就是要学会后发制人，迅速而巧妙地把错误的标签贴到挑衅者的脸上。

还有一点是在方法上回击，这时聪明的人往往会捡起对方扔过来的石头，再重新扔回给对方，或顺水推舟巧妙地将矛头转向对方，达到脱离险境，保护自己的目的。但自卫也是有分寸的，如果太过了，就形成了防卫过度，所以，自卫要点到为止。

虽然做人讲究忠厚老实，但也不可固于宽厚。对他人的无礼攻击、吹毛求疵、嘲笑挖苦等要用反唇相讥以保护自己的人身权益。反唇相讥可以从气势上压倒对方，让对方从心理上感觉到你的力量和强大。

学会欲擒故纵才能制胜

欲擒故纵是一种军事战术，为了迷惑对手，而后出其不意，就暂时放松一步，使对手丧失警惕，斗志松懈，然后再伺机而动，歼灭对手。

诸葛亮七擒孟获，就是军事史上一个“欲擒故纵”的绝妙战例。蜀汉建立之后，定下北伐大计。当时西南夷酋长孟获率十万大军侵犯蜀国。诸葛亮为了解除北伐的后顾之忧，决定亲自率兵先平孟获。蜀军主力到达泸水（今金沙江）附近，诱敌出战，事先在山谷中埋下伏兵，孟获被诱人伏击圈内，兵败被擒。

按说，擒拿敌军主帅的目的已经达到，敌军一时也不会有很强的战斗力了，乘胜追击，自可大破敌军。但是诸葛亮考虑到孟获在西南夷中威望很高，影响很大，如果让他心悦诚服，主动请降，就能使南方真正稳定。不然的话，南方夷各个部落仍不会停止侵扰，后方难以安定。诸葛亮决定对孟获采取“攻心”战，断然释放孟获。孟获表示下次定能击败他，诸葛亮笑而不答。

孟获回营，拖走所有船只，据守泸水南岸，阻止蜀军渡河。诸葛亮乘敌不备，从敌人不设防的下流偷渡过河，并袭击了孟获的粮仓。孟获暴怒，要严惩将士，激起将士的反抗，于是相约投降，趁孟获不备，将孟获绑赴蜀营。诸葛亮见孟获仍不服，再次释放。以后孟获又施了许多计策，都被诸葛亮识破，四次被擒，四次被释放。最后一次，诸葛亮火烧孟获的藤甲兵，第七次生擒孟获。孟获终于被感动了，他真诚地感谢诸葛亮七次不杀之恩，誓不再反。从此，蜀国西南安定，诸葛亮才得以举兵北伐。

春秋时期，郑武公去世后，郑庄公即位。虽然他当上了国君，不过皇位尚未坐稳。而对他虎视眈眈的政敌正是他的亲生母亲和胞弟。母亲武姜在生郑庄公时遭遇难产，痛苦不堪，因此十分厌恶郑庄公，而专门偏爱郑庄公的胞弟共叔段。等到两人长大成人后，武姜多次请求立共叔段为太子，但是终是没有得逞。但武姜也并没有就此罢休，虽然庄公已然即位，他们仍然策划着夺权。

首先，武姜以母亲的身份要求庄公把制邑封给共叔段作为封邑。制邑是军事要塞，庄公自然不能答应，于是武姜又替共叔段要易守难攻的京城，庄公只好答应了。

共叔段到了京城之后，就加高加宽城墙。郑国大臣们对此意见纷纷，劝谏庄公说应该及时阻止共叔段，否则后患无穷。而庄公表示说，自己的母亲和胞弟，自己也不好多说什么。

共叔段看兄长没有对自己采取限制措施，便更加放肆起来，下令让西部、北部边陲守军听命于自己，并私自收取了周围的城邑来作为自己的封地。面对这些过分的举措以及大臣们的愤愤不平，郑庄公从容地表示说：“不仁不义的事做多了，就会自取灭亡。”

共叔段看到兄长还没有反应，更加肆无忌惮起来，聚集粮草，修治武器，扩充步兵和车卒，准备攻打庄公的国都，并约好了母亲作为内应。这下子举国上下的百姓都义愤填膺。此时庄公高兴地说：“时机到了！”派人探听到共叔段起兵的日期，先发制人，提前派公子吕率领200辆战车向京城压过去。京城军民纷纷倒戈，共叔段跑到鄢地。庄公猛追穷寇，又打到鄢地，共叔段只好逃亡到共国去，庄公返回头来又对付母亲武姜，把她软禁在城池，并发誓永远不再拜见她。

面对胞弟的野心和母亲的助纣为虐，郑庄公自然是了然于胸，但他并没有采取任何措施，而是静待其发展，放纵对方胡作非为直至自掘坟墓，最后一举击垮敌方。

欲擒故纵的方法适用于能压住局面的操纵者。它的妙处是使对方尽力表演，轻敌大意，将我之放纵误解为无能，从而把自己的行为巧妙地化解在对方过分的行为中，让一切顺其自然，顺理成章，既达到了自己的目的，又不至于给别人落下口舌。

欲擒故纵不仅适用于军事战略中，也适用于人际交往中。在与人交往中，它就是一个攻心战术，运用得当就可以让对方从内心折服于你。

第十六章

人心难测　谨防小人

在人际交往中，最令人头痛的是小人无处不在，无时不在。跟小人打交道，不能太近，不然会被人看扁；也不能太远，不然会遭到小人的暗算。所以，想要成功地应对小人，就一定要学会掌握和运用心理策略。

对小人要敬而远之

过分地接近小人，对自己而言是冒险；如果冷落了他，势必遭小人忌恨。保持适当的距离才是对付小人的上策。

那么，什么样的人是小人呢？我们应该如何去识别身边的小人呢？

其实，“小人”和普通人在外表上没什么区别，脸上也没写上“小人”二字，有些“小人”的外表甚至很迷人，长得帅气、漂亮，有口才也有文才，一副“大将之才”的样子，并且还很聪明。不过，只要留心观察，用心研究，“小人”还是可以从行为上分辨出来的。总体来说，“小人”就是不以正确手段，专以邪恶的手法来达到目的的人，所以他们的言行有以下的特色：

喜欢造谣生事。小人之所以造谣生事并非是为了寻开心以娱乐自己，而是另有目的。说谎和造谣是小人的生存本能。

喜欢挑拨离间。为了达到自己的某种私利，他们常常用离间法挑拨朋友间、同事间的感情，制造不合，他们在一边看热闹，以便从中取利。

喜欢拍马奉承。这种人并不全是小人，但这种人很容易因为受上司所宠而趾高气扬，在上司面前说别人的坏话，只要一有机会就会抬高自己。

喜欢阳奉阴违。阳奉阴违是小人们一贯的行事风格，因此小人对任何人都可能表里不一，这也是小人行径的一种。

喜欢追随权力。小人们的行事法则就是谁得势就依附谁，谁失势就抛弃谁。

喜欢踩着别人的鲜血前进。小人往往会利用一切可以利用的为其开路，而他人的牺牲他们是不在乎的。

喜欢落井下石。看他人摔跤、失败是小人最快乐的事。只要有人摔倒，小人就会追上来再补一脚。

喜欢找替死鬼。小人从不承认自己有错，也从不承担责任，而是喜欢把错误推给别人，让他人为自己背黑锅。

小人的特色还有很多，在此我们就不再一一列举，总之，凡是不讲法、不讲理、不讲情、不讲义、不讲道德的人都带有“小人”的性格。

从以上言行可以看出，小人是相当可怕的，我们一定要处理好与小人的关系。那么，具体我们该如何做才不至于遭到小人暗算呢？以下几个原则可以参考：

不得罪他们。小人的心理是比较敏感的，他们的内心较为自卑，因此你不要在言语上刺激他们，也不要在利益上得罪他们，尤其不要为了“正义”而去揭发他们，那只会害了你自己。自古以来，君子常常斗不过小人，因此小人为恶，让有力量的人去处理吧！

保持距离。别和小人们过度亲近，保持“淡如水”的关系就可以了，但也不要太过疏远，好像不把他们放在眼里似的，否则他们会这样想：“你有什么了不起？”于是你就要倒霉了。

小心说话。和小人对话，切不可谈论别人的隐私，说某人的不是，或是发了某些牢骚不平，这些话绝对会变成他们兴风作浪和有必要整你时的资料。和他们说些“今天天气很好”的话就可以了。

不要有利益瓜葛。小人的利益沾不得，小人常成群结党，霸占利益，形成势力，你千万不要想靠他们来获得利益，因为你一旦得到利益，他们必会要求相当的回报，甚至就如鼻涕那般，贴上你不放，想脱身都不可能！

吃些小亏无妨。“小人”有时也会因无心之过而伤害了你，如果是小亏，就算了，因为就算是你去找他们也讨不到公道，反而会结下更大的仇，所以，原谅他们吧。

每个交际圈里都会有小人存在，生活中，谁都免不了和小人打交道。与小人交往相处，一定要灵活，千万不能因为看不惯而得罪他，这是最不明智的。

“小人”何时何地都有，这种人常常是一个团体纷扰之所在，他们造谣生事、挑拨离间、兴风作浪，很令人讨厌，所以有些人不但敬而远之，甚至还抱着仇视的态度。

仇视小人固然足以显出你的正义，但并不是保身之道，反而凸显了你的正义的不切实际，因为你的“正义”公然暴露了这些小人的无耻、不义。

再坏的人也不愿意被人批评“很坏”，总要披一件伪善的外衣，这是人性，而你特意凸显的“正义”，却照出了不少的原形，这不是故意和他们过意不去吗？

君子不畏谣言不畏攻讦。因为他问心无愧。小人看你暴露了他的真面目，为了自保，为了掩饰，他当然会奋力反击。也许你不怕他们的反击，也许他们也奈何不了你，但你要知道，小人之所以为小人，是因为他们始终在暗处，用的始终是不法的手段，而且不会轻易罢手。历史中有许多被奸臣小人陷害的血的故事，因此，对小人我们不得不严加防范。

《呻吟语》的作者吕坤说：“处小人，在不远不近之间。”过分地接近小人，对自己而言是一种负担，冷落了他，又会招致嫉恨，不知其心怀何鬼胎。所以，保持适当的距离才是上策。

书中又说：“由于喜欢蛇，而贸然出手去抚摸它，往往会被它咬噬而中毒；倘若因为不喜欢老虎，而动手击打它，同样也会被老虎吞噬。”因此，必须远离老虎和蛇，即所谓的“敬鬼神而远之”。这里的老虎和蛇就是指小人。现实中每个人身边都会有小人，对这种人一定要提防，不要笨拙地出手，以免遭致不必要的伤害。

以其人之道，还治其人之身

“以其人之道，还治其人之身”，就是将计就计，重新借用他人的计谋来罚治对方或是实现某种针对对方的主观意图。“以其人之道，还治其人之身”的计谋不仅在军事、政治斗争中被广泛应用，在日常生活中，也是一条对付小人的重要应变之术。

民国时期，在上海有家当铺。掌柜的是位年逾六旬的老板，这个店铺他已经营四五十年了，收徒不下百余人，同行中人都尊敬地称他老前辈。然而，这位老前辈谨慎一生，疏忽一时，在一次典当中受了骗。

一日午后，老前辈静坐于柜中，这时来了一位客人，谨慎地取出一颗大似红枣，且精圆光润的冬珠，要求典当，老前辈细看那珠，真乃千金珍品，遂邀请来人入内室商量质价。来人坚持索要 500 元，老前辈还以 300 元，双方讨价还价。最后，来人声称急用，请老前辈加到 450 元，另以小珠 20 颗再加 50 元，凑成 500 元。他顺手取出小珠一颗，说道：“其他 19 颗等我回店再取来。”老前辈答应了。过不多时，那人果然手持一盒又来，把小盒递给老前辈，说道：“这盒里共 50 粒，请您细细选之。”老前辈全神贯注地在盒内精选小珍珠，那人则在一旁，冷嘲热讽，继而说道：“您的缜密，可谓到家了，还是请您先收起冬珠，不要光在小珠上斤斤计较，须知我一周之后，即来赎取的。”老前辈闻言，顿时感到惭愧，忙将大小珠一起收藏，然后取出钞票，交给对方。那人走后，老前辈遂将冬珠重新审视一番，顿时大惊失色：原来所谓的冬珠是赝品。老前辈努力回忆方才情景，断定骗子所持求质的珍珠是真的，后来利用挑选小珠的机会，以同样的假珠换了真珠，异常的巧妙，因而得手。

老前辈受了诈骗，心中怏怏不乐，更觉从此名声扫地。为了挽回名声和那笔钱款，他心生一计：他用假货骗我，我也以假珠骗他。想到这里，遂去谒见典东，自请辞职。

临行的前一日，老前辈忽然发了大批请帖，将典当同行和珠宝业的代表，共100余人，邀至某大餐馆设宴话别。席间，老前辈取出伪珠，道出原委，客人们接过珍珠相互传观，连连称赞！珍珠制造极精巧，虽然是假货，但很难分辨，老前辈起身，对众宾客道："老夫一世英名，断送于此；毕生积蓄，赔了一半。这是我一时疏忽，咎由自取，不需怨天尤人。但是，那个骗子手握如此精巧的伪珠，更用种种骗术乘机以进，老夫恐怕众人上当受骗，所以在我辞职归家之前捣碎此珠，斩草除根，永绝后患，以解我心头之气！"言毕，手持铁锤，猛力一击，伪珠顿时粉碎，座客掌声四起，老前辈仰头哈哈大笑。随后宾主干杯，尽情畅饮。

第二天，老前辈佯装身体不舒服，暂缓动身。中午，忽来一人，将手中的当票交与店员，要求核算本利，店员接过一看，正是老前辈受骗的那笔生意！心里不免一惊，昨日那颗伪珠已被当众砸碎，这可怎么办！想到这里忙到内室找老前辈，惊叫道："老前辈，大事不好了，那人来赎冬珠了。"老前辈听了，大喜道："他果然来了，我知道他一定会来！"当即取出原珠，让店员交还来人。那人端详了好一会，默默无言，赎回后转身离去。这时，店员很感奇怪，昨日眼见此珠已被击碎，今日怎会完整如初？

原来，老前辈席间传观的是那人的原物，而后砸碎的，则是预先准备好的另一颗假珠。在座诸人并没觉察到，但那骗子听到这个消息，贪心再起，故而持票取赎，借此大敲竹杠，哪里知道却中了老前辈的圈套！

"以其人之道，还治其人之身"的基点就是对对手的谋略有了充分的认识和了解，然后，针对对方的心理特征和思维模式，在对手的计上用计，从而使对手落入自己的圈套。"以其人之道，还治其人之身"是对付那些动机不良之人最有效的变通方法，它可以让对手自食其果。面对动机不良之人的咄咄逼人，既不需要选择哑巴吃亏，也不必大动肝火，只要懂得变通，巧妙应付，就可以在悄无声息中折服动机不良之人。

小心谨慎对待小人

生活中，不管你愿不愿意，都会不可避免地要与小人打交道，因此，我们不得不学一些与小人打交道的方法与技巧。在与小人打交道时，我们应该秉持的态度是不阿谀，也不得罪。阿谀小人，就会降低自己的人格，使自己也成为小人，但是，也不要轻易得罪小人，因为小人得罪不起。所以，当你不得不与小人打交道时，就一定要小心谨慎。

唐朝名将郭子仪，不仅在战场上能够轻松地指挥千军万马，而且在待人处世中，还是一个特别善于对付小人的处世高手。

郭子仪与小人打交道的秘诀，就是“宁得罪君子，不得罪小人”。“安史之乱”平定后，立下大功并且身居高位的郭子仪并不居功自傲，为防小人嫉妒，他做事反而比原来更加小心。

有一次，郭子仪卧病在床，有个叫鲁费的官员前来拜访。此人乃是中国历史上声名狼藉的奸诈小人，相貌奇丑，生就一副铁青脸，脸形宽短，鼻子扁平，两个鼻孔朝天，眼睛小得出奇，世人都把他看成是个活鬼。正因为如此，一般妇女看到他这副尊容都不免掩口失笑。

郭子仪听到门人的报告，马上下令左右姬妾都退到后堂去，不要露面，他独自等待。鲁费走后，姬妾们又回到病榻前问郭子仪：“许多官员都来探望您的病，您从来不让我们躲避，为什么此人前来就让我们都躲起来呢?”

郭子仪微笑着说：“你们有所不知，这个人相貌极为丑陋而内心又十分阴险。你们看到他万一忍不住失声发笑，那么他一定会记恨在心，如果此人将来掌权，我们的家族就要遭殃了。”

郭子仪对这个小人太了解了，在与他打交道时做到了小心谨慎。后来，这个鲁费当了宰相，极尽报复之能事，把所有以前得罪过他的人都统统铲除，唯独对郭子仪比较尊重，没有动他一根毫毛。这件事充分反映了郭子仪对待小人的办法既周密又老练。

不是所有的人都是高尚的，生活中也存在着一些鼠辈小人，他们有时为了自己的利益，不惜用各种手段来算计别人，令人防不胜防，所以我们要处处防范被小人算计。

虽然尽量不要得罪小人，但是，我们也不能把小人当君子。

有的人之所以受到身边人的伤害，就是因为错把小人当君子，误把骗子当朋友。在现实生活中，尽管那些居心叵测的人善于伪装自己，但由于其本身之意在于存心害人，所以不论他伪装得多么巧妙，总会露出马脚。可以通过他的言谈举止及处理问题的具体方式等方面来观察他的人品。当发现你身边的人十分虚伪、奸诈，那么你必须采取适当的防范措施。在一般情况下，只要你注意通过多方面洞察与你接近的人，就会发现许多你在平时所不易觉察到的东西，并据此很清楚地了解到你身边的人对你的真实态度，而不至于在危险即将来临时全然不知，甚至还把加害你的人作为亲密的朋友对待。

细心洞察最接近你的人，你会成功地避免许多意想不到的损失，从而减少不良的恶果。提防小人，多与品德高尚的人交往，我们的人际关系才会和谐，事业才会顺利。

学会“以毒攻毒”

小人最难缠，所以我们不必和小人斤斤计较，纠缠不清。一般小事，能躲就躲，能忍则忍。如果触及了做人的原则，不必顾忌太多，该出手时就出手，而且越狠越好，使小人不得翻身作乱。

众所周知，世人唯小人最难对付，所以，在不触及原则性问题时通常忍忍就过去了。但若触及到了原则性问题，那你也就不能再沉默了，否则的话他们会变本加厉，得寸进尺。这时你应用点“以毒攻毒”的计谋，使他们原形毕露，让他们无地自容。

人们所说的原则性问题主要有两种，一是尊严，一是应得的利益。尊严是精神上的原则性问题，一个人格健全的正常人是不能允许别人轻易冒犯自己的尊严的，尊严受到损害有时比物质利益的损失更让人感到痛苦和难以忍受。一个人的素养越高越看重自己的人格与尊严，所谓“士可杀不可辱”，正是这个意思。

我们说在尊严问题上必须寸步不让，但在很多情况下是自己的尊严已被人严重地侵犯了，却还不知如何申辩，结果只能白白地受气。其实，别人侮辱我们的人格，并不就意味着他们的人格有多高尚，如果我们能对那种见利忘义、心胸狭窄的小人来个“以毒攻毒”，就会收到意想不到的效果。

在某大城市的一户人家，有一位乡下来的小保姆，由于性情实在，干活利索，给女主人的印象颇佳。但是，生性狐疑的女主人还是担心这位乡下姑娘手脚不干净，于是在试用期的最后几天想出个办法来试一试她。

一天早晨，小保姆起床要去做饭，在房门口捡到一元钱，她想肯定是女主人掉下的，就随手放在了客厅的茶几上。谁知第二天早晨，小保姆又在房门口捡到了一张五元的钞票，这让她感到很奇怪。“莫非是在试探我吗?”小保姆产生了这样的疑问。但她又很快打消了这个念头，因为女主人是位刚从科长位子上退休的体面人，怎么会做出这样侮辱人的事情呢?这样想着，她就把钱放进了茶几底下，但心里面还是留了个心眼。

到了晚上，小保姆假装睡下，从卧室的窗户窥看客厅中的动静。正当她困意袭来，准备放弃这一念头时，女主人竟真的悄悄到茶几前取钱来了。小保姆彻底惊呆了，怒火冲上了她的心头：怎么可以这样小看人！她咬了咬嘴唇，下定了一个决心。

次日早晨，小保姆又在房门口发现了一张钞票，这次是十元钱。她笑了笑，把钱装进了自己的口袋。到了傍晚，她在女主人下楼去练气功之前把这十元钱悄悄地放在了楼梯上，准备也测试女主人一番。果不出小保姆所料，女主人之所以怀疑别人手脚不干净，正是因为她自己是一个自私而贪心的人，她在下楼时看见了那十元钱，当时就眼睛一亮，然后趁着左右没人把钱塞在了口袋里。这一幕，全都被暗中偷窥的小保姆看到了。

当晚，女主人就像科长找科员谈话一样找到了小保姆，严肃而又婉转地批评她为人还不够诚实，如果能痛改前非，还是可以留用的。小保姆故作懵懂地问：“你是不是说我捡了十元钱?”“是呀！难道你不觉得自己有错吗?”小保姆摇了摇头：“不，我不认为我做错了什么，因为我已经将那十元钱还给您了。”女主人一脸诧异：“咦，你啥时啥地还我钱了?”小保姆大声回答：“今天傍晚，公共楼梯……”女主人一听到“楼梯”两个字，霎时像触了电一样浑身一颤，狼狈得一句话也说不出来了……

聪明的小保姆来了个“以毒攻毒”的方法，既为自己保留了尊严和面子，也揭穿了女主人虚伪的外表和“小人”的本性，可谓是“一石双鸟”、“一举两得”。

做人要厚道，但也不能过于实诚，还是要讲究一些心计与玄机的，试想如果小保姆正面反击，不讲策略，那到头来会是一个什么结局呢？小保姆心慈手不软，略施小计，就避开了女主人为她挖好的陷阱，真是应验了那句："害人之心不可有，防人之心不可无"的千古真理。

巧妙对待挑拨离间的人

一般情况下，挑拨离间有两种情况，其一是在第三者面前说你的坏话，如当你去上司的办公室准备交一份资料时，却无意中听到一个同事正在上司面前说你的坏话，说你的"销售计划书是抄袭的"、"上班时间喜欢打私人电话"、"泄露公司商业秘密"等。其二是在你面前说第三者的坏话，如"你知道吗？小王被提升为主管是因为他在休息日经常到经理家做义务工，听说经理家的卫生间都是他清洗呢……"

面对第一种挑拨离间的人，我们大可不必计较他的闲言碎语，因为你的上司应该是个有判断力的人，他能够分清是非清浊，因此别人的挑拨不会对你产生负面的影响。即使上司一时受了蒙蔽，对你产生了误会，但时间能够证明一切，你的工作能力，你的良好品质，最终会让上司对你刮目相看。

对第二种挑拨离间的人，我们一定要谨慎，既不要得罪他，也不要人云亦云，随着他说别人的坏话。最理智的做法是：当有人在你面前说某人坏话时，你只要微笑即可。

在某公司里，小黄对正在工作的小马说："你瞧瞧，老胡以为自己是海归，就把自己当成智慧的化身了。他现在走到哪里都以智者自居，喜欢为人师，经常指责别人。哼，我就看不惯他那副德性！"

小马听后，只是微微一笑，又继续埋头工作。

小黄见小马虽然没有附和自己，但见他一笑，又把心里的不快压下去了，心想："小马微笑肯定是表示赞同我的观点。"想罢，便得意地走了。

一会儿，前台接待员小吕来到小马的办公室，对小马说："你看佟军，学历不高，居然想竞争销售经理的位子，真是自不量力!"

小马听后，仍然只是抬头微微一笑，又继续埋头工作。小吕见小马没回答自己的话，心里有点恼火，但见小马一笑，也以为他是赞同自己的观点，便得意地走了。

任何在小马面前说别人坏话的人，小马听后，都是什么都不说，只是微笑。

后来，经理决定对优秀员工进行一次重奖，奖励那些工作勤奋、品德高尚的人。出人意料的是，小马竟然得了全票，不但获得了巨额奖金，而且还获得了提升。

事实上，论工作成绩，小马不及小黄；论学识，小马不及老胡；论长相，小马不及小吕，但他却在公司里"人气最旺"，他凭的是什么？是微笑！当有人在他面前诋毁其他人时，他始终不插话，只是微笑。小马这样做是最明智的，因为微笑的内涵极为丰富，它可以表示你领悟了别人的意思，也可以表示听不懂别人的话。当你不接话茬，只是微笑时，就不会得罪说话的人，也没有参与说坏话，这样的好处是两边都没有得罪，这是最好的心理策略。

小马对付说坏话人的方法，也值得我们学习。当有人在我们面前说别人的坏话时，我们最好的做法就是微笑。万一做不到微笑，也千万不要插话，这样，你在与同事们或其他人相处时，既能保持自己的独特个性，又能受到大家的欢迎。